병풍
뒤집기

병풍 뒤집기

이경숙 수필집

| 서문 |

평생 누군가의 글을 읽으며 책 속에서 나를 찾았습니다. 그것은 저의 유일한 사치이고 행복이었습니다. 이제는 용기를 내어 오랫동안 묵혀둔 다른 사치를 부려 봅니다. 나를 아는 사람들은 왜 늘 글을 쓰면서 수필집을 내지 않느냐고 묻곤 했습니다. 그때마다 매일 홍수처럼 쏟아지는 책들의 물결 안에 한 방울 섞여 들어가는 일이 무슨 의미가 있을까 하는 회의가 먼저 들어서 망설였습니다. 그러다 문득 든 생각이 내가 자신을 잘 아는듯해도 상대방의 나에 대한 비판이나 평가로 나를 알게 되는 내 또 다른 존재가 있듯이, 글 또한 그러하리란 생각이 들어서 용기를 내어 봅니다.

살아가면서 늘 존재의 불안을 온몸으로 안고 고군분투하면서 결핍에 흔들리며 살았습니다. 그때마다 쓰는 일은 나에게 상처 난 곳에 붙이는 반창고같이 위로가 되었고 새 살을 돋게 하는 의지처로 고마운 친구였습니다.

무수한 허공을 헤매다가 쓰인 독백 같은 글이 나에게 위로가 되었던 날처럼 누군가에게도 친절하게 다가가길 바랍니다. 행여 제 혼잣말이 끝내 당신에게 가 닿지 못한다고 하더라도 더 늦기 전에 고백하고 싶었습니다. 나의 사랑은 늘 당신을 바라보고 있었노라고 말입니다.

2024 가을에
이경숙

차
례

004	서문

chapter 1 그 길에 내가 있었네

011	그 길에 내가 있었네
016	물방아 도는 내력
019	삶의 책갈피 같은 그 길들
024	스타리 모스트 다리
028	구봉산 정상의 트라이앵글
032	민들레 홀씨처럼 작았던
036	고해성사
042	낯가림

chapter 2 그 오지의 안부

- 049 그 오지의 안부
- 053 할머니 나의 할머니
- 061 금성슈퍼
- 066 잠들지 못하는 귀
- 071 추억을 주문했습니다
- 076 바뀐 식객
- 080 어머니의 강
- 083 11월의 나무
- 087 진정한 음식

chapter 3 맨발을 감춘 저녁

- 093 맨발을 감춘 저녁
- 097 꿈이 뭐예요
- 101 병풍 뒤집기
- 105 사모님은 안녕치 못하시다
- 109 유념
- 114 어떤 해후
- 117 오늘도 파스텔을 샀다
- 122 미래를 어루만지는 사람
- 126 킬리만자로의 표범
- 132 먼 길을 돌아 처음으로

chapter 4   모과나무

- 139   모과나무
- 144   암시랑토 않은 이야기
- 147   유턴해주세요
- 152   어느 가을날
- 157   아듀 4249
- 161   경매시장의 순애보
- 164   의미를 부여한다는 것
- 168   부겐베리아
- 172   섬
- 177   막차를 놓친 남자

chapter 5   완벽한 타인

- 183   완벽한 타인
- 189   전 국민이 사랑하는 반찬
- 192   진정성 없는 우상의 예술은 공허하다
- 198   가면
- 201   까뮈
- 209   브레이크 기어
- 213   변하는 것은 모습일지라도
- 216   아다모와 바바리코트
- 220   에프터눈 티를 즐기는 시간

chapter 1

그 길에 내가 있었네

그 길에 내가 있었네

　봄에서 갑자기 여름 날씨가 된 어린이날, 서귀포 이중섭 미술관을 오르는 길은 햇살이 유리알처럼 반짝이며 따갑게 내리쬐고 훅훅 더운 기운은 땀으로 젖어 아침 일찍부터 걷기 시작한 나그네의 다리를 지치게 했다. 긴 언덕을 오르는 길가에는 야자수 나무도 제 그림자를 길게 널어놓고 쉬는 초여름, 미술관 안에는 공휴일이지만 관광객 서너 명만 있을 뿐 고요했다. 그림들을 둘러보다가 대한 해협을 사이에 두고 부인과 두 아이를 그리며 썼던 이중섭의 육필 편지들을 읽고 있는 내게 문화 해설사가 다가와
　"참 애틋하고 절절한 그리움이 느껴지지요?" 하고 물었다.
　"떨어져 살아서 그래요. 같이 지지고 볶고 살았으면 이런 편지 썼겠어요!"
　해설사는 당연히 자기 물음에 동조하며 공감의 표현이 듣고 싶

어서 말을 붙였을 텐데 얼굴도 마주 보지 않고 대답하는 나의 비꼬는 듯 퉁명스러운 말투에 그만 머쓱해져서 제자리로 돌아가 버렸다. 이중섭 가족이 잠깐 살았다는 미술관 아래 작은 집은 토굴 같았다. 그 당시에도 가난하기 이루 말할 수 없었던 실상을 재연해 놓은 모습을 보며 짧은 세월을 살다 가면서도 사랑하는 가족들과 함께 할 수 없었던 이중섭의 삶이란 과연 무엇인가 하는 생각이 들었다. 살아서 행복하지 못하고 사후에 평가받는 예술가들이 어디 이중섭뿐이겠냐 마는 힘겹게 짧은 생을 살다간 본인은 죽음을 맞을 때 얼마나 허망했을까. 세상에 그 어느 것도 다 의미가 없고 모든 것이 물거품 같다는 생각이 들던 그해 초여름 내가 바라본 이중섭의 작품은 궁핍하고 외롭게 살다간 삶에 초점이 맞춰져서 애절한 편지마저 더없이 서글프게만 느껴졌다.

 필요 이상 큰 짐을 챙기면서 다시 돌아오지 않을 수도 있다는 기대 아닌 계획을 막연히 세웠던 그해, 여름이 시작되는 제주에서 눈만 뜨면 혼자 걷고 걸었다. 순환버스를 타고 가다가 아무 데나 내려서 걷다 보면 해가 기울고, 다시 숙소로 돌아오는 긴 길이 끝나지 않을 것 같은 막막함과 피로가 먼지처럼 켜켜이 쌓여도 다음 날 아침 다시 걷고 걸었다. 축제가 끝난 가파도 보리밭 둑 위에서, 사려니 숲 속에서, 삼다수 길 위에서 걷고 걸어도 지쳐가는 다리만 있을 뿐 내 생각은 맑아지지 않고 내 삶의 어디쯤으로 돌아가야 할 의미를 찾을 수 없었다. 밤이면 칠흑같이 어둡던 그 숙소의 방안에 그대로 내가 스며들어 가는 기분이었던 그 여름만 있었다. 내가 얻고자 하는 것은 답이 없는 물음뿐이었으니, 답도 없고 어딘가에 기댈 곳 하나 없이 오랫동안 제주는 내게 아프고 처절하게 외로운 기억으로 남아있을 뿐이었다.

그리고 오랜만에 다시 찾은 제주에서 내가 걸었던 그 외로웠던 길들을 다시 걸었다. 비가 오는 사려니 숲을 우비를 입고 걸으며 지난 시간을 잘 견뎌내어 다시 이 길 위에 선 나 자신에게 스스로 위로의 말을 해주었다. 지난 시간이 내 삶에 아무런 의미조차 없다고 하여도 그 시간을 끊어내지 않았으므로 지금 내가 이 길을 걷고 있는 것이니 애썼다고 토닥거려주었다.

아주 오래 전 한 사진작가의 삶과 작품이 티브이에 소개되는 것을 본 적이 있다. 사진을 보는 눈이 뜨일 무렵 그의 작품은 한눈에 내 감성을 흔들었다. 강렬하지도 않고 지나친 정물화 같지도 않으면서 바라보고 있으면 마음이 편안해지는 것이 그림도 아닌 사진이 말할 수 없는 긴 여운을 주었다. 제주가 고향도 아닌데 제주의 풍경에 빠져 제주 사진만 찍는 작가 김영갑 이야기를 보고 그의 사진첩과 글을 읽으며 언젠가 꼭 한번 만나러 가고 싶었다. 그러나 그는 내가 만나러 가기도 전에 서둘러 이 세상을 떠나버렸다. 그 여느 날처럼 뉴스에 한 줄 짤막한 그의 타계 소식을 듣던 날 또 한

번 젊은 나이에 안타깝게 떠난 한 작가의 삶이 무슨 의미가 있을까 하는 허망함에 가슴이 시렸다. 그해 여름 홀로 걷던 제주에서 작가는 떠났어도 그가 남긴 김영갑 갤러리를 가고 싶었지만 내 마음이 그가 말하고 싶은 시선을 따라가지 못할 것 같아서 갈 수가 없었다. 오랜 시간이 흐른 후 이번 제주 여행에 그곳을 찾았다. 갤러리 두모악은 작가의 삶처럼 소박하고 고즈넉한 한 모퉁이에서 주인이 남긴 그 모습 그대로 세월을 담고 있었다. 그가 수없이 오르내리면서 찍었던 제주의 오름과 숲들이 계절마다 켜켜이 다른 풍경들을 말해주고 있었다. 같은 자리에서 같은 오름과 나무를 시간대별로, 그리고 계절마다 표현한 사진들이 많았다. 작가의 의도와 독자의 상상력마저도 끌어내어야 진정한 사진이라고 말하던 작가는 그 정원에 묻혀있고 훌쩍 세월 지나 그의 작품 앞에 선 독자는 늦은 인사를 건넸다. 루게릭병을 얻어 몸은 굳어가고 근육이 빠져가는 힘겨움에 카메라를 들 수 없어 안타까워하던 한 예술가의 절망이 그가 쓴 책에는 절절했지만, 그의 작품은 한없이 아름답고 섬세했다. 살아서 작가 손수 일구어 만든 갤러리 두모악의 감나무 밑 돌담에 앉자 오늘은 다른 생각이 들었다. 예술이란 어차피 완성은 없는 법, 안타까운 나이에 세상을 떠났어도 살아서 작가에게 그의 사진이 위로였고 영혼을 담을 수 있는 일이었다면 그것으로 한 사람의 삶은 의미가 있는 일이라고 말이다. 내 심사가 뒤틀려 바라본 이중섭의 편지 또한 그의 가난과 외로움을 이겨내는 한 수단으로의 표현이었다면 그의 삶은 그것으로 아름답고 위로였던 것이거늘.

"파랑새를 품 안에 끌어안고도 나는
파랑새를 찾아 세상을 떠돌았다" 고한 작가 김영갑의 글처럼 모든 것은 아름답게도 보이고 비관적으로도 보이는 것은 내 마음의 시선에 있을 뿐이었다. 힘든 시절 그 길 위에서 답을 얻으려던 그 시간도, 긴 시간 지나 지금은 담담히 바라볼 수 있는 지난 시간도, 다 같은 길이었다. 이제 답을 찾으려 하지 않는 눈을 갖게 해준 그 길도 거기 있었다. 다시 아무 의미도 찾지 않고 걸을 수 있는 그 길에 내가 있고 내가 사랑하는 두 작가의 삶이 있었다.

물방아 도는 내력

저녁을 먹고 나오는 식당 앞마당에 시원한 분수와 함께 한편에 물레방아가 돌아가고 있었다. 나무로 되어있는 커다란 물레방아가 뿜어 올리는 물줄기를 보면서 남편이 그 안에 들어가 앉아 있으면 시원하겠단다.

"흠~ 내가 말이야 안 그래도 일찍이 물방아 도는 내력을 알아보려고 그 안에 들어갔었거든, 그런데 너무나 힘들고 아픈 사연이 그 안에 있더구먼"

시원한 이야기를 하는데 갑자기 무슨 소리인가 하고 남편이 의아해한다.

사실 난 물레방아만 보면 잊히지 않는 무서운 추억이 있다. 드라마에서 보는 아름답고 은밀한 만남이 있는 추억도 아니고 애틋한 이별도 아닌 무서운 추억이….

요즘도 난 물레방아를 보면 지금도 갑자기 가슴이 쿵쿵 뛴다.

초등학교 사오 학년 때쯤이었던 것으로 기억된다. 할머니 품이 아니면 잠을 자지 못했던 나는 그때까지 한 번도 남의 집은커녕 할머니가 안 계신 곳에서 잠을 자 보지 못한 어리광쟁이였다. 그런 내가 그날은 친구들과 어울려서 옆 동네 친구 집에서 잠을 자고 올 것이라고 허락을 받고 굳은 결심을 하고 갔다. 그 친구네 집에 문제의 물레방아가 있었다. 요즘 보는 것 같은 장식용 나무 물레방아가 아닌 커다란 쇳덩어리로 되어 있는. 그때 그것으로 직접 방아를 찧었는지는 알 수 없으나 아주 커다란 물레방아가 세워져 있었고 물은 없었던 것 같다. 어른들이 다 들에 나가고 우리는 처음 간 친구 집 마당에서, 냇가에서 신이 나서 처음으로 집을 떠나온 일을 잊고 놀았다. 그러다가 한 친구가 물레방아에 들어가서 놀자고 했던 것 같다. 호기심이 발동한 우린 커다란 쇳덩어리 원 안으로 들어가서 여기저기 살펴보다가 서너 명의 체중이 한쪽으로 실리니까 출렁하고 물레방아가 움직였다. 그러자 장난기가 발동한 우린 힘을 모아서 앞으로 나갔고 그 바람에 물레방아가 출렁하고 한 바퀴 돌았다 신기하고 재미난 우린 조금씩 빨리 앞으로 뛰기 시작하고, 물레방아는 점점 빨리 돌아가기 시작했다. 처음 천천히 돌 때는 굴렁쇠 안에 들어가서 걷는 것처럼 재미있던 물레방아가 나중엔 제 힘의 무게에 반동이 실려 점점 빨리 돌게 되고, 그 때문에 우리는 걷지도 못하고 헉헉거리면서 계속 뛰어야 하는 사태가 오고 말았다. 커다란 물레방아를 이제 세울 수 없다는 공포가 밀려왔고 소리를 지르던 우리는 울기 시작했다. 그러자 발밑에서 떨어진 녹이 위로 올라가서 우는 입속으로 들어와 더 괴로웠지만 우리는 악을 쓰며 울었다. 당황하고 무서워서 우리가 뛰지 않으면 멈출 거라는 원리 따위는 생각이 나지도 않았다 그때 마침 지나가던 누군가가 들에서 일하시던 친구의 부모님을 불러와서 가까스로 물레방아는 멈췄고 땀으로, 눈물로 범벅이 된 난 할머니를 부르며 난생처음 집을 떠난 첫 외출을 그렇게 마무리하고 노을 지는 산길을 걸어 집으로 오고 말았다. 그리고 나는 며칠 동안 말도 못 하고 아팠던 것 같다. 지금 생각해도 그 공포는 아찔한 사건이다. 물레방아 도는 내력은 내 기억으로 아주 아주 무서운 기억으로 남아있다. 텔레비전에서 보면 낭만의 대명사로, 로맨틱한 장소로 나오는 물레방아를 볼 때마다 난 아직도 제일 먼저 그때의 일이 떠 오른다. 오랜 세월이 지나도 잊히지 않건만, 그렇게 장난기 많고 악동이었던 그 시절 나였던 그 아이는 어디 갔을까. 세월은 야속하게도 멈추어 설 줄 모르는 물레방아처럼 돌아가고 있다.

삶의 책갈피 같은 그 길들

얼굴에 닿는 저녁 바람이 부드러워, 옷깃을 여미지 않아도 되는 봄 밤, 추워서 종종거리며 집안으로 뛰어 들어오지 않아도 되는 밤, 아직 조금은 차갑지만 잠시 서서 바람의 향기를 찾고 싶은 이른 봄날이면 제일 먼저 가고 싶은 곳이 있다. 우리나라의 봄은 제일 남쪽인 제주도에서 오겠지만 나의 봄은 왠지 섬진강 화개에서 온다는 느낌이 든다. 아마 한동안 봄이면 차를 덖으러 화개에 가서 그런 생각이 드는 건지도 모른다. 섬진강 그 언덕의 청매화가 입을 열었다는 소식을 들으면 마음이 분주해지면서 봄맞이하러 떠나고 싶어진다. 쌍계사 십 리 길을 거쳐 범왕길 계곡을 따라 지리산 산주름 능선 위에 있는 칠불사까지 오르면 비로소 봄을 맞는 것 같다. 화개장터에서부터 쌍계사에 이르는 많은 다원에서 풍기는 고소하고 쌉싸름한 차향을 비교하면 다 다른 풍경처럼, 다른 맛이 되어 내 것이 되었던 시간들 때문인 것 같다. 최참판댁 대청마루에서 내려다보는 달빛 환한 악양 들판의 부부송을 바라보며 다시 온 봄을 맞이하고 싶다.

  화개 십리 벚꽃이 지고 나면 다시 생각나는 길이 있다. 강진의 다산초당을 오르는 뿌리의 길이다. 나무뿌리가 자신의 힘줄을 늘어놓은 듯 계단이 되어 주는 길을 따라 걷고 싶다. 비록 유배지에서 언제 사약을 받을지도 모르는 상황에서도, 많은 저서를 쓰고, 초의선사와 차를 통해 나이를 초월한 우정을 나누며 차를 즐겼던 다산의 정신을 읽는다. 힘들게 오른 다산초당에서 차 한 모금 얻고 초당 뒷길로 이어진 백련사길에 동백을 만나야 진정한 봄을 온몸으로 채운 느낌이 든다. 그 길에는 야생차밭이 길 양쪽으로 이어져 있다. 그 옛날 다산과 백련사 명승 해장 선사가 즐겼을 차나무에서 찻잎을 하나 따 음미해본다. 두 사람의 종교와 나이를 초월한 교류의 공간이라고 생각하니 더욱 뜻깊은 맛이다. 어느 해 이른 봄, 아직 동백이 피지 않았던 그 길을 따라 올라 백련사에서 점심 공양을 하게 되었는데 불교 신자도 아닌 내게 공양주 어르신은 자꾸만 하룻밤을 자고 가라고 붙잡았다. 내가 일정 때문에 안될 것 같다고 해도 여러 번이나 자고 갈 것을 권유했지만, 동백이 피면 그때 다시 와서 자고 간다고 약속을 하고 아직 지키지 못했다. 외로운 건 그 산속이나 이 도시나 매한가지, 결국 사람으로부터 위로받는 것인가 하는 생각이 들었다. 해마다 늦은 동백이 피는 사월이면 그 공양주 어르신이 생각나곤 했다.

　마음이 답답한 날이면 남해 금산 바래길을 가고 싶다. 상사 바위 위에 앉아 저 아래 탁 트인 푸른 상주 해수욕장을 바라보고 있으면 가슴에 응어리진 모든 것들이 다 사라질 것같이 시원하다. 우리나라 3대 기도처라고 하는 보리암 명성이 금세 실현되는 것이 그런 의미 아니고 무엇이겠는가. 간절한 마음으로 한발 한발 내 안의 평온을 구하고자 걸어가는 자체가 기도이지. 마늘을 다 캐고 물 대어 놓은 남해 다랭이 마을에 달빛이 비치면 구불구불 논두렁 물꼬 보러 그리운 나의 할아버지 서럽게 걸어오실 것만 같다. 멸치털이 끝난 적막한 미조항의 비린내 나는 부두길의 쓸쓸한 저녁은 여럿이 와서 북적거려도 혼자인 듯한 고독이 나를 감싼다.
　이 넓은 세상 내가 사랑할 사람 하나 없는 듯, 나를 사랑한 사람 다 버리고 떠나고 싶은 날 울진의 불영계곡을 걸으면, 이 한 세상 나의 몸부림은 결국 저 산 적송의 나이테 몇 개의 존재에 불과하다는 하찮은 생각이 드는 길이다. 그 아래 바위 둥그러지는데 걸리는 억만년 시간의 손톱만치를 살고 가느라 이리 힘든 것인가 하는 상념을 다 지우고 마지막 닿은 불영사에서 마음의 여정을 푼다. 저 절에서 남은 몇 철을 이름 없는 여인이 되어 공양주로 살다가 갈 수 있으면 좋겠다는 유혹이 드는 불영사, 내 몸에 다른 이 없는 물관이 하나 더 있을까, 다 비우고 눈물 마르는 날, 내 마음 추슬러 걸어 나올 수 있을 때까지 묻혀 있고 싶은 불영사 절집에는 목련꽃 한 송이도 쿵쿵 떨어지는 소리가 들릴 것 같은 적막이 있을 뿐이다. 아무도 나를 알아주지 않고 홀로인듯한 날, 철저히 혼자가 되어 홀연 떠나 숨고 싶은 곳이다.

너무도 적막해서 이 세상 나 혼자밖에 남지 않은 듯한 날에 걸었던 사려니 숲에서, 어디에든 의지해서 이 숲을 내려갈 수만 있다면 난 다시 살 수 있을 것만 같던 날, 그 울창한 나무들은 먼발치서 뒷짐 지고 서서 나를 비웃었다. 그런 나무하나 조차도 없던 가파도의 바둑판 같은 청보리밭의 빤 한 길에서 오히려 길을 잃고, 내가 잃어버린 길들은 모두 바닷속으로 걸어 들어갔다. 그 벌판의 바닷바람이 나의 멱살을 잡고, 이리저리 흔들던 오월의 보리가 바람에 일렁이는 것은 단지 바람 탓이라고 애써 위로하던 그 들판의, 가릴 것 없는 알몸 같은 고독이 역설적으로 나를 지탱하는 힘이 되어 주었다.

어느 해 겨울 크리스마스 무렵이었다. 신두리 사구를 돌아 나와 친구들이랑 만리포에서 하룻밤을 묵게 되었다. 어릴 적 우리가 좋아했던 시각장애인 가수가 예쁜 카페를 운영하고 있었다. 우리는 저녁도 먹고 그의 펜션에서 숙박하게 되었다. 카페 분위기는 크리스마스 분위기였고 우리는 10대 소녀들처럼 들떠 있었다. 우리의 인연이 60년 동안 이어 온 소꿉친구라고 했더니 그 시각장애인 가수는 대체 몇 살인데 60년 우정이냐고 놀라며 그의 히트곡인 어린 시절이라는 노랠 들려주었다. 다음 날 우리는 눈이 내리는 내소사를 갔다. 입구에서 내려서 내소사 숲길을 걸어갈 때 내리기 시작한 눈이 돌아 나오는 길에는 발이 푹푹 빠지기 시작했다. 우리가 탄 차가 군산 어느 시골 마을에 왔을 때 더는 갈 수 없어 우리는 나포면의 어느 노인정에서 하룻밤을 묵게 되었다. 사랑하는 연인과 한 계령을 넘다 갇힌 로맨틱은 아니어도 인심 좋은 사람들이 베푸는 푸근함이 온 밤 내 쌓인 눈도 녹여주는 추억의 페이지가 있었다. 내게로 왔던 그 많은 인연이 다 시절 인연이 되어 뒷모습을 보이고 돌아갈 때도 늘 곁에 남아 함께 늙어가는 사랑하는 얼굴들이 있어 더 아름다운 고립이었다.

    때로는 쓸쓸하고 외로웠고, 때로는 절망했으나 여전히 남은 인연으로 다시 힘을 얻고 또 걸어가야 하는 그 길 갈피마다 사랑하는 얼굴들이 있었기 때문에 나는 다시 걷는 것이다. 누군가의 가슴에 나도 한 페이지 그리움이길 간절히 바라면서.

스타리 모스트 다리

 유럽 여행을 하다 보면 제일 두려운 것은 소매치기다. 관광버스를 타고 이웃 나라로 원정 소매치기를 온다는 사람들을 버젓이 눈앞에 보고 있으면 어디서든 긴장을 늦추지 못한다. 그러나 그곳 보스니아에서는 다른 긴장감을 준다. 우리 국민이 국경을 넘는 것을 손바닥에 꿰고 있는 친절한 우리나라 영사관이 어김없이 문자를 보낸다. 여행 위험지역이라고 위협적인 문자를 보내 불안감을 준다. 아마 오랜 내전을 겪고 북한과도 수교를 맺은 나라라서 그런 모양이다. 그러나 유럽 연합(EU) 회원국 간의 자유로운 통행을 규정한 협정인 셍겐조약으로 별 규제 없이 국경을 넘는다.
 지척에 부모 형제들을 두고 평생 만나지 못하고 고향에도 가지 못한 채 평생을 그리다가 세상을 떠나는 분단국가에서 사는 내게는 참 신기한 일이다. 몇 발자국으로 국경을 넘고, 버스에서 내리지도 않고 국경을 넘는다. 터키의 지배에서 독립했지만, 이슬람교도와 크로아티아계, 세르비아계 세력 간 민족분규가 발생하여 오랜 내전으로 우리에게는 불안한 나라라고 늘 여겨왔던 보스니아, 인구 4백만도 안 되는 나라가 내전 동안 20만 명 이상의 사망자와 100만 명 이상 난민의 나라가 되어버린 비운의 나라, 보스니아 도롯가의 주택들 벽에는 아직도 총격으로 구멍이 나고 불에 탄 전쟁의 상흔이 그대로 남아있다. 그러나 모스타르로 향하는 길가의 자연풍경들은 너무나 아름답고 어디서도 보지 못한, 에메랄드빛도 아닌 짙은 초록색의 강물이 유유히 흘러 아름다웠다.

이슬람인들의 주 상업지역인 모스타르는 거대한 이스탄불의 바자르시장 축소판 같다. 작은 기념품 가게 골목이 아기자기 이쁘다. 눈요기도 하고 맛있는 케밥으로 점심을 먹고 더 걸으면 그 끝에 민족 화해의 상징인 스타리 모스트 다리가 나온다. 언제 그런 비극이 있었냐는 듯이 너무도 아름다운 다리 아래 푸른 강이 처연히 흐르고 있다. 스타리 모스트 다리는 16세기 모스타르의 상징건축물이었지만, 1993년 크로아티아계의 민병대에 의해 파괴되었고 2004년 재건축을 한 것으로 유네스코 세계문화유산에 등록되었다.

보스니아 헤르체코비나가 오스만 제국의 지배를 받던 시기에 건립되어서 이슬람 건축양식을 대표하는 건축물 형태다. 길이 29m, 폭 4m, 높이24m로 모스타르 시내를 가로지르는 짙은 녹색의 네레트바강을 가로지른다. 여행을 다녀보면 아름답고 웅장한 다리를 많이 만난다. 비싼 돈을 내고 까마득히 높은 시드니의 하버 브리지를 오르는 사람들이 있는가 하면 모든 행위 예술이 어우러져 지루할 틈도 없이 볼거리를 주지만 성인들 앞에서 기도할 분위기도 아닌 프라하의 까를교가 있다.

헝가리 다뉴브강의 야경이 아름다웠던 부다와 페스트지역을 이어주는 세체니 다리 등 운하와 강이 만나 영화의 한 장면들로 태어난 아름다운 다리들이 얼마나 많은가. 그러나 유독 보스니아의 스타리 모스트 다리에서 느끼는 감성이 특별한 것은 민족 화합을 상징하는 다리라는데 그 의미가 있다.

무슬림과 기독교를 이어주며 내전을 멈추고 양쪽의 문화와 경제 교역을 수월하게 해주는 중요한 역할을 하기 때문이다. 지금도 매년 여름이면 모스트 다리에서는 젊은이들이 그런 화합을 위한 다이빙 대회를 연다고 한다. 대회기간이 아니었는데 운이 좋게 다이빙을 하는 젊은이를 보았다. 24m의 높이에서도 망설이지 않고 뛰어내려 짙은 녹색 물살을 가르는 모습이 자유를 향해 나는 한 마리 나비 같다.

다른 나라 사람들은 그저 아름다운 다리 풍광에 감탄하고 다이빙에 환호할 테지만 분단국가에 사는 내 눈에는 그저 그 다리가 멋있다고만 느껴지기보다는 언젠가 우리나라도 저런 다리가 생겨났으면 하는 애국심을 먼 나라의 다리를 바라보며 해 본다.

지금 보스니아는 아픈 상처와 가난을 이겨내고 있다는 생각이 들어 응원해주고픈 마음은, 불안한 분단국가에 사는 사람이 가지는 동병상련이라 할까. 그날 아이러니하게도 들려 온 서울의 뉴스는 남북 수장들의 판문점 회담을 특종으로 보내왔다. 우리에게 화합의 다리는 요원한 문제인가? 먼 나라에 가서 애국심에 불탄다. 여장을 푼 아드리아 해변의 도시, 네움의 석양이 눈부시다.

구봉산 정상의 트라이앵글

완만하게 오를 수 있는 편안한 길은 내려올 때를 위해 놔두고 가파른 길로 택해서 오른다. 주차장에서 정상까지의 길이는 불과 몇백 미터지만 출발하자마자 가팔라서 호흡조절을 잘해야 한다. 예전의 흙길은 이제 콘크리트와 철제 계단으로 가꾸어져 있지만, 시작부터 가팔라서 한 발 한 발이 느리다. 처음 이곳에 이사 왔을 때는 매일같이 오르던 길인데 이제는 오늘처럼 내 컨디션과 날씨의 청명함이 어우러져 시야가 멀리 트이는 날 큰마음을 먹어야 오를 수 있다. 거의 수직이다시피 설치된 165개의 철계단 중간 전망대에서 올라 온 길을 돌아보면 우후죽순 올라선 도안과 관저동의 넓은 벌판에 아파트 단지들이 한눈에 들어온다. 휙휙 나를 지나쳐 오르는 젊은 사람들을 보내며 힘겹게 오른 264m의 정상. 숫자로 보면 높지 않은 산이지만 쉽게 오르기 어려운 돌산이다. 봉우리가 아홉

개여서 구봉산이라 부르게 되었지만, 산의 형국이 마치 아홉 마리 봉황이 집으로 돌아오는 형세라 하여 九鳳山이라고도 한다. 구봉산은 높이에 비해 전망이 아주 좋다. 내가 좋아하는 이유다. 노루벌 쪽의 시원한 시야는 멀리 흑석리를 넘어 대둔산까지도 보인다. 오른쪽을 보면 계룡시가 보이고 뒤를 돌아서면 아파트 단지들 넘어 멀리 유성까지 펼쳐져 있다. 그러다 보니 일출 또한 장관이어서 매년 새해 아침이면 많은 사람이 정상에 올라 일출을 맞이한다. 가슴이 탁 트이는 전망이 힘들게 오른 수고를 보상해주는 기분이 드는 내 가까운 산이다. 봄이면 진달래와 생강나무꽃들이 바위 절벽에 예쁘게 피어 나의 호흡과 시선을 잡아 준다. 정상에 정든 나의 바위에 앉아 바람 냄새를 즐긴다. 부드러운 곡선으로 노루벌을 휘돌아가는 물길 따라 캠핑족들이 한가롭다.

살아서 아름다운 곳은 죽기도 좋은 곳이라는 말과 일치하듯 구봉산 정상에서 보이는, 이처럼 아름다운 풍경에는 또 다른 풍경이 공존한다. 정상의 발아래 괴곡동에는 공동묘지가 있고, 돌아앉으면 저 멀리 대전 시립 화장장이 있다. 그것은 내가 사는 아파트 지역과 트라이앵글처럼 자리를 잡고 있다. 그 삼각형의 꼭짓점에 내가 있다. 조금 더 높은 마천루를 꿈꾸어도 결국은 우리 모두 저 삼각형 틀에서 벗어날 수 없는 한눈에 보이는 구도, 존재의 허무와 함께 모든 욕심이 사라지는 순간이다. 삶의 다람쥐 쳇바퀴에서 내리는 날 저 트라이앵글만 따라 돌면 그만이 구나 하는 다소 쓸쓸한 생각을 청량한 초가을 햇살 아래에서 해 본다.

맑고 청아한 울림의 공명이 잘 퍼지기 위해 뚫어 놓은 트라이앵글의 그 틈처럼 삼각형의 팽팽한 긴장감을 녹이듯 갑천의 부드러운 물길이 그 사이로 흘러간다. 세상을 떠나는 일이 저 삼각형을 따라 도는 간단한 동선이라고 해도 그것이 완전한 슬픔만 주는 것도 아니고 끝나는 일만도 아닐 것이다. 저 삼각형의 작은 틈에서 흐르는 청아한 공명처럼 누군가에게 작은 여운이라도 남길 수 있다면 그것은 또 다른 기억의 흐름이다. 얼마만큼 남았을지 모르지만, 조금 더 아름다운 공명을 위해 남은 시간 더 많이 사랑하고 살아야 하리라. 저 물길처럼 부드럽게,

아름다운 풍경의 뒷면에 삶의 양면을 품고 있는 구봉산 정상은 그렇게 나에게 존재의 실체를 일깨워주기도 한다. 이제 몇 번이나 그곳에 오를 수 있을지 모르는 체력이 하루하루 아쉽게 변해간다.

런던의 템스강 강가에는 비석 대신 의자를 기증한 벤치들이 설치되어 있다는 글을 본 적이 있다. 의자의 뒷면에다 죽은 가족의 이름이나 좋아했던 글귀들을 적어서 벤치를 기증한다고 한다. 많은 사람이 거기 앉아 강가의 여유를 즐기고 고인 또한 강가에서 아름다운 풍경을 보고 있으니 의미 있는 일이라는 생각이 들었다. 내가 아끼고 머물고 싶은 구봉산 정상에 나를 추억할 벤치를 설치할 수는 없는 일이지만….

아직도 버리지 못한 묻어둔 욕심이 고개 들어 마음 챙겨야 하는

날이면 구봉산을 오른다. 거기 무언으로 나를 씻어주는 삶과 죽음의 미학이 공존하며, 어떤 공명을 울릴 것인가 하는 새로운 인식의 장으로 이끄는 트라이앵글이 존재한다.

민들레 홀씨처럼 작았던

　고향길 어귀에서 어릴 적에 뵙던 어르신을 만났다. 그냥 지나쳐도 누군지 모를 테지만 인사를 드리니 누구냐고 하신다. 누구누구네 자식이요, 누구 동생이라고 한참 설명하니 기억이 나셨는지 " 아! 그 교복 입고 다니던 여학생? "하고 물으신다. 그렇다고 하니까 그때 참 이뻤는데로 시작해서서 그렇게 공부한 내가 얼마나 성공한 사람이 됐나, 결혼은 잘했나, 돈은 많이 벌었나 모든 것을 궁금해하신다. 남편을 옆에 세워놓고 난감한 순간이다.
　누군가가 나에게 고향이 어디냐고 물으면 난 언제나 속리산이라고 대답한다. 그러나 사전적 의미의 고향이 태어난 곳을 말한다면 나의 고향은 서울 장충동이다. 그 후 대전을 거쳐 내가 기억하는 유년의 시간을 살아 온 곳이 속리산이다 보니 그냥 그렇게 말한다. 내가 대전에 사시는 부모님과 형제들과 떨어져 속리산 기슭의 조부모님과 살기 시작한 것은 아기 때부터이니 내 최초의 기억은 거기였기 때문에 누가 뭐래도 나의 고향은 속리산 기슭의 화전민 마을이라고 하고 싶다. 속리산은 조부모님과 부모님의 고향도 아니다. 부모님들 모두 강원도 양구가 고향이지만 6.25 사변 때 피난 내려와서 뿌리를 내리고 정착하셨다. 할아버지는 전방 지역의 전쟁 공포에서 멀리 떠나오고 싶으셨던 듯하다.

스물다섯 가구 정도의, 땅이라고는 산을 개간하여 만든 화전민 마을에, 집집이 옹기종기 모여서 사는 산동네는 버스도 다니지 않고 전기도 전화도 없는, 그곳은 말 그대로 오지 중의 오지였다. 집집마다 아이들은 왜 그리 많이 낳았던지 다섯 여섯은 기본이고 집집이 삼대가 같이 살아서 할아버지 할머니가 안 계신 집이 별로 없었다. 그러니 작은 마을이지만 주민은 백여 명도 넘게 살았다.

논을 가진 집이라고는 서너 집뿐이었고 대부분 산비탈의 화전을 일구어 사는 가난하기 짝이 없는 동네였다. 그러므로 동네 사람들 대부분은 아이들이 초등학교만 졸업하면 농사를 짓거나 대처의 공장 같은 데로 돈을 벌러 가야 하는 일이 당연하듯이 형제가 차례로 커가면서 집을 떠나갔다.

중학교는 6킬로를 걸어서 다녀야 하는 거리에 버스조차 다니지 않는 먼 곳에 있어서 부모님은 나를 친척 집이 있는 도시로 유학을 보내주셨다. 방학 때 집에 다니러 가면, 논이나 밭에서 일하시다가 어른들이 교복 입은 내 모습을 낯설게 바라보시곤 했다. 함께 놀던 친구들은 명절이나 되어야 잠깐 다니러 와서 만날 수 있었을 뿐 다들 뿔뿔이 흩어져서 자신의 삶을 살아내었다.

중학교 3학년 때 나는 학교 대표로 산업 현장 견학을 할 기회가 있었다. 그 가운데 우리나라에서 가장 크다는 방직 공장 견학이 일정에 있었다. 실을 틀에 감아 원단을 짜는 곳이었는데 얼마나 먼지가 많이 나는지 뿌연 먼지 속에서 사람의 얼굴조차 잘 보이지 않는 곳을 들어가게 되었다. 그곳에는 많은 내 또래의 여자아이들이 일하고 있었다. 날씨가 더운 날도 아니었는데 그곳은 너무 덥기도 하여서 다른 학교 아이들은 막 뛰어서 현장을 빠져나갔다. 그러나 나는 그럴 수가 없었다.

중학교 진학은 꿈도 못 꾼 나의 고향 친구들이 다니는 방직 공장이 이런 곳이라는 것을 깨닫는 순간 너무나 충격도 컸고, 그들의 행복을 빼앗아 내가 누리는 것도 아닌데 미안한 마음이 들었다. 밖으로 나와서 흰 교복에 묻은 먼지를 터느라 야단인 다른 학교 일행과는 다른 나의 마음을 그들은 아무도 몰랐을 것이다. 공부하고 싶어도 진학하지 못했던 친구들의 몫도 내게 얹어진 기분이 들었다.

아버지가 돌아가신 후 넉넉지 못한 살림에 여자아이를 공부시킨다는 것이 동네 사람 중에는 이해할 수 없는 듯이 어린 나에게 대놓고 부모님 고생을 시킨다고 말하는 분들도 있었다. 그럴 때마다 난 우리 부모님의 기대에 부응하고 나아가 동네 어른들의 기대도 충족시키는 인재가 되어야만 한다는 막연한 압박감을 느낀 적도 있었다. 읍내만 나가도 다른 세상이 있다는 것을 모르고 사는 사람들 틈에서 어린 나의 중압감은 도시에서 살았다면 겪지 않아도 될 나만의 고독한 무게였다. 중학교에서 일 등을 하던 학생이 과학고를 가서 경쟁이라는 것을 일찌감치 포기하는 법을 배웠다고 하는 인터뷰를 본 적이 있다. 우물 안에서도 난 천재가 아니었는데 냇가에 나가 아주 평범한 개구리였다는 것을 그들은 모르니 그 괴리감이 아주 컸다.

명문 대학을 가고, 시골 사람들이 출세했다고 치는 공무원이 되고, 심지어 여자 장관 정도는 될 줄 알았다고 말하는 한 친구의 기대에는 아연실색해서 말문이 막힐 때도 있다. 그런 말을 들을 때면 내 삶을 부정 당하는 것 같은 기분이 들 때도 있지만, 나에 관한 그들의 기대와 관심이 컸다는 것에 의미를 두고 만다.

나이 들면서 드는 생각이 나에 대한 기대치를 나 스스로 조금 더 낮게 가지고 살았다면 더욱 행복했을지도 모르겠다는 것이다. 내가 바라본 세상 속의 내 고뇌와 번민 다 버리고 이제, 세상의 아주 작은 민들레 홀씨 같았던 한 소녀가 살았던 우물에 얼굴을 비추면, 교복을 입은 그 소녀는 어디 가고 머리 허연 초로의 여인이 욕심 없이 웃어준다.

고해성사

형제들이 모두 한 차를 타고 성지순례를 가는 길이었다. 온양온천역 부근이었는데 장날인지 사람들이 많이 몰려있는 사이에 바나나를 파는 트럭이 잔뜩 물건을 싣고 서 있었다. 차가 정체되어 나가지 못해 창밖의 사람들을 구경하고 있었는데 난데없이 언니가 "내 생애 최초의 바나나는 훔쳐 먹은 건데"라고 말하는 것이 아닌가. 깜짝 놀라서 우리 형제들은 모두 귀를 의심했는데 그다음 이야기를 듣고 마음이 아프기도 하고 어이없어서 웃었다.

칠십이 넘은 언니는 초등학교를 대전에서 다녔는데 그때 우리 집은 대전역 뒤의 철도 관사가 있는 동네의 이층집이었다. 당시에는 아버지가 투병하시기 전이라 그런대로 사업하시면서 밥은 먹고 사는 시기였지만 바나나가 귀하던 시절이었다. 하루는 언니가 친구 집에 초대를 받아서 놀러 갔는데 부잣집이었던지 피아노 위에 바나나 바구니가 놓여있었다고 한다. 너무나 먹고 싶은데 본디 늘 먹어 온 사람들은 그것이 귀한 줄 모르듯, 먹어보기 어려운 사람이 있다는 것을 모르는 법, 한 개 먹어보라고 권하지를 않더라는 것이다. 그저 침만 삼키다가 친구가 자리를 뜬 사이에 얼른 하나를 먹고 그 껍질을 피아노 뒤에다가 던져 버렸다고 했다. 그리고는 간다 온다는 말 없이 줄행랑을 쳤노라고 했다.

우리 형제들은 모두 박장대소를 하며 언니를 놀려먹고 오늘 성당 가서 고해성사해야 한다고 놀리며 공소시효 지나서 이제 다 용서되었을 거라는 등 한바탕 웃었다. 그러자 그 뒷자리에 신앙심으로 둘째가라면 서러울 올케언니가 갑자기 나도 공소시효 지났으니까 해도 되냐면서 자기도 유년 시절 친구 집에서 구멍 뚫린 엽전을 훔쳐서 도망 나왔다고 고해성사하듯 말해서 우린 또다시 함께 고해성사실 앞으로 가라고 놀려 먹었다. 그러다가 갑자기 오빠가 "넌 없냐?"하고 나한테 물었다. 갑작스러운 질문에 대답도 하지 않고 의미심장하게 웃는 나에게 "있네! 있어" 하면서 고백할 것을 채근했다. 이번에는 내 차례였다. 그러나 난 언니들과 달리 이미 벌도 받고 말끔히 해결된 사건이라고 했더니 더 궁금하다고 난리들이다. 나의 절도 행각은 두 언니의 단순하고 유치한 사건과는 다르게 아주 지능적인 고도의 전술이 있었다.

사진도 귀하고 앨범도 흔치 않던 시절 집마다 안방에는 작은 사진들을 모아서 커다란 액자에 담아 걸어두는 집들이 많았다. 우리 집에도 할아버지 환갑사진이나 우리 형제들의 돌사진 등 작고 큰 사진들을 붙여 걸어놓은 커다란 액자가 안방 문틀 위에 하나 걸려 있었다. 그것은 일 년이 되고 이 년이 되어도 새로운 사진이 생기지 않는 한 바뀌지도 않고 늘 그 자리에서 누렇게 파리똥이 앉아 있곤 했다.

초등학교 4, 5학년쯤이었을 어느 날 방안에서 하얗고 말랑말랑한 공을 가지고 벽에다 치며 놀고 있었는데 잘못해서 액자를 한 대 치고 말았다. 액자는 굵은 끈 같은 것으로 벽의 못에 고정되어 있었기 때문에 떨어지지는 않았는데 덜컹하면서 대롱대롱 매달리게 되었고 액자 뒤에 끼워져있던 종이 뭉치가 우수수 방바닥으로 쏟아졌다. 다시 주워서 올려놓으려고 하다가 보니 그것은 돌돌 말린 십 원짜리 지폐들이었다.

그 방은 할머니 할아버지 방이었기 때문에 아마 할머니의 금고 같은 역할을 하는 곳이었던 셈이다. 놀라서 다 주워서 다시 액자 뒤에 끼워 놓았다. 그러나 그다음부터 공놀이는 시들해지고 온통 마음이 돈뭉치에 가 있었다. 그리고 갑자기 나는 많은 돈 중에서 조금 덜어내어 내일 학교에 가서 과자를 사 먹어도 되겠지 하는 욕심이 생겼다. 그래서 할머니가 잘 모르도록 십 원짜리 지폐 세 장을 빼고 원래 자리에다 나머지는 다시 올려 두었다. 그때 삼십 원은 나에겐 큰돈이었다. 일원에 눈깔사탕이 열 개 정도 했었던 시절이었으니까. 난 그 돈을 덜어내기는 했지만, 곧바로 쓸 용기는 없었다. 그렇다고 집 안에 두었다가는 누군가에게 발각이 될 것 같아 할머니가 돈을 세어 두셨다고 해도 긴가민가 조금 금액을 헷갈릴 시간을 벌 셈이었다. 그러나 가지고 있자니 가슴이 콩닥거려서 한참 생각하다가 그 무렵 마당 가에 막 타작을 마친 보리 짚단 더미가 고욤나무를 가운데 두고 돌아가며 잔뜩 쌓여 있었다. 그래서 그 돈을 뭉쳐서 보릿짚 가리 사이에다 감춰 두었다. 그리고 할머니가 돈이 조금 빈 것을 모를 때 써야지. 나아가 잃어버린 것조차 모르신다면 더욱 좋을 일이라고 생각했다.

지금 생각해도 참 지능적이고 완벽한 은닉이었다. 그러나 그 완벽한 범죄는 참으로 어이없이 며칠 못 가서 발각되고 나는 단번에 용의선상에 올라버렸다. 보릿짚은 아궁이에 불을 때고 사는 우리 집의 유익한 불쏘시개였는데 엄마가 보리 짚단을 한 단 빼는 순간 지폐 가루가 우수수 따라 나오고 말았다. 보리 짚단에는 완벽하게 타작이 되지 못한 보리 이삭들이 남아있곤 했는데 그걸 먹으려고 쥐들이 들락날락하다가 사람 손때가 묻은 냄새 나는 지폐가 먹이인 줄 알고 쏠아 버린 것이다. 차라리 지폐 조각인 줄 모르게 잘게 썰었으면 좋으련만 쥐들도 먹이가 아니라는 것을 알고 대충 썰어놔 그것이 십 원짜리 지폐인 줄 단번에 알게 되어 버렸다.

당시 우리 집에는 입학도 하지 않은 어린 남동생만 있었기 때문에 난 단번에 엄마의 용의선상에 오르게 되었고 너무나 허무하게 발각된 범행에 망연자실한 것은 오히려 엄마보다도 나였는지 모른다. 그날 무릎을 꿇고 앉아 있는 내 허벅지를 싸릿가지로 내리치시던 엄마의 매는 내 삶에 유일무이한 체벌로 지금도 기억에 선하다. 그날 밤 할머니는 문제의 그 액자 뒤에서 돈을 꺼내 내게 용돈을 주시면서 울고 있는 나를 안아주시며 용서해 주셨다.

 며칠 전 도서관에서 남편이 도둑을 맞고 오는 사건이 있었다. 열람실에서 공부하는 중 겉옷을 벗어 의자 등받이에 걸쳐 놓고 있다가 전화가 오는 바람에 밖으로 나갔다고 한다. 통화를 끝내고 제자리에 돌아오니 옆에서 공부하던 대학생이 아들이랑 같이 오셨냐고 묻더라는 것이다. 아니라고 했더니 어떤 젊은이가 와서 남편의 의자에 앉아 태연히 지갑에서 돈을 꺼내 가는 것을 봤다고 하더란다. 그 학생은 다른 친구한테 그 장면을 보면서 도둑질을 하는 것 같다고 카톡을 보냈다고 하면서 정확한 시간도 보여주더라는 것이다. 큰 액수는 아니지만, 도서관이라는 공간에서 상습적인 범행을 하는 사람 같아서 남편은 신고하고 경찰이 와서 조사하는 과정에서 그 학생이 증인이 되어 CCTV를 돌려보는 등 소동이 있었다고 한다.
 아직 범인을 잡았다는 소식은 없지만, 그날 남편에게 내가 해준 말은 지갑 단속을 하지 않은 남편에게도 잘못이 있다고 했다. 지금은 없어졌지만, 예전에 소매치기도 잘 당해 오곤 했던 남편은 내 말에 동의를 못 하는 눈치였지만 견물생심을 유발하는 기회를 제

공하는 사람에게도 잘못이 있다고 말할 사람은 그로 인해 벌을 받아 본 사람만이 이해할 수 있는 상황인지도 모른다. 아니면 책임 전가일까? 핑계일까? 이해일까? 사람도 아니고 말도 못 하는 서생원의 어이없는 증거 제출로 써 보지도 못하고 허무하게 끝난 나의 일탈도 할머니의 돈뭉치를 보지 않았으면 일어나지 않았을 일이라고 우겨본다.

도덕적 잣대와 인내가 미처 성숙하지 못했던 시절의 견물생심이 가져온 일탈도, 체벌과 용서로 다져지며 우리의 이성과 도덕의 관념도 여물어지고 어른이 되어간다. 어린 날 양심수들의 고백을 들으며 우리 형제들은 그날 즐거운 참회의 성지순례를 갔다.

낯가림

 선천적으로 나는 어릴 적부터 자주 체해서 할머니가 엄지손가락을 따주는 일이 많았다. 등을 두드리다가 팔을 힘껏 쓰다듬은 후, 바늘에 이불 꿰매는 실을 꿰워 엄지손가락을 칭칭 동여맨 뒤 손톱 위를 꼭 찌르면 시커먼 피가 나곤 했다. 그런 뒤에 따스운 아랫목에 눕혀놓고 내 손이 약손이다, 내 손이 약손이다, 하고 주문 외듯이 쓸어주면 별다른 약을 먹지 않아도 다음날이면 멀쩡히 낫곤 했다. 나이가 들어서도 그런 일들이 많았다.
 편안한 식사 자리에서는 그렇지 않은데 불편한 사람과의 식사 약속이거나 바쁜 일들로 긴장되어 있을 때 유독 잘 체해서 죽을 고비를 여러 번 넘기기도 하였다. 복막염에 걸려 수술하는 오빠의 보호자가 되어 수술실 앞에 앉아 대기하다가 내가 먼저 병원 복도에 꼬꾸라지며 정신을 잃어 의료진들을 놀라게 하는가 하면, 친구와 바닷가에서 회를 잘 먹고 일어나다가 정신을 잃어 친구를 혼비백산하게 만든 일도 있었다.

가장 큰 세 번째 사건은 터키행 비행기 안에서 일어났다. 예전에 오렌지 주스에 체했던 적이 있어서 안 좋아하는데 기내에 액체를 가지고 탈 수 없다고 다 먹고 버리자는 일행의 권유에 떡 한 조각과 같이 조금 마신 것이 화근이었다. 비행기가 고도를 높이고 식사가 나오기 시작하면서 음식 냄새가 싫어서 식사를 하지 않으려는데 갑자기 메스꺼움이 몰려왔다. 식사하는 친구들을 피해서 일어나 화장실을 가려고 일어나는 순간 비행기 바닥으로 쓰러지며 정신을 잃고 말았다. 금방 깨어난 다른 때와 달리 깨어나니 네 시간이 흘렀다고 했다. 그 순간 할머니처럼 누군가 내 엄지손가락을 따 주었으면 좋았을 텐데 왜 쓰러졌는지 아무도 모르니 일행들은 식사도 못 하고 혼비백산 난리가 났던 모양이다.

비행기 안에 의사가 있는지 도움을 청하는 방송을 여러 번 했지만 삼백 명이 넘는 승객 중에 나타나는 사람이 없었다고 했다. 네 시간이 흐르자 급기야 기장님이 중간에 불시착을 결정하려고 내 상태를 보러 왔을 때 극적으로 내가 깨어났다. 다행히 비행기를 낯선 공항에 불시착시키는 불상사는 면했다. 그런데, 나 자신도 놀라서 괜찮다고 했지만, 공항에 내렸더니 공항 의료진 여러 명이 휠체어까지 준비하고 나를 기다리고 있었다. 미안하고 창피한 마음에, 안 타겠다고 해도 거대한 몸집의 흑인 남자 간호사는 얼마나 친절한지 극구 나에게 휠체어를 탈 것을 권유해서 할 수 없이 휠체어를 타고 입국심사를 마치고 공항 밖으로 나갔다.

  정신을 잃은 내가 의식이 없는 시간 동안 함께 간 친구들은 여행의 설렘은커녕 아찔한 기억을 심어주었다. 네 시간 동안 추워서 덜덜 떠는 나를 위해 페트병에 뜨거운 물을 채워 팔다리 사이에 끼우고 담요를 여러 장 덮은 채로 네 시간을 주무르며 얼마나 울었던지 친구들은 눈들이 퉁퉁 부어있고 가이드와 승무원들도 바쁜 와중에도 정성껏 간호해준 덕에 목숨을 부지하고 있는 큰 사건은 지금 생각해도 참 미안하고 고맙다. 덕분에 살아났으니 생명의 은인들이라고 할 수 있다.

  아마 그때 내가 깨어나지 못했으면 나는 전혀 계획되지 않은 어느 낯선 나라에 아시아나 항공이 불시착하는 일을 만들고 톱뉴스에 나왔을 것을 상상만 하여도 아찔하고 창피한 생각이 든다. 가을의 터키는 내가 좋아하는 맛있는 과일이랑 음식이 참 많았지만, 그 후유증으로 밤마다 위경련이 와서 먹고 싶은 것도 맘껏 먹지도 못하고 말았다. 함께 패키지여행 하는 일행들의 위장약까지 모두 다 걷어 먹고 현지 가이드의 도움까지 받아 약을 조달하는 힘든 여행을 했지만, 무사히 집에 돌아온 것이 얼마나 다행인지 십여 년이 넘어도 아직도 기억에 생생하다.

  언제 식사 한번 같이해요. 우리는 지나는 말로 쉽게 약속하는 것이 밥 약속이다. 밥을 먹어야 정이 들고, 밥을 먹어야 무언가 가까워지는 심리적인 친밀감이 들기 때문이다. 밥에는 밥 이상의 마력이 있고 인간관계의 영양가가 있다. 그러나 그런 어떤 관계의 시작점에는 언제나 어색한 시간이 있기 마련인데, 그럴 때 먹는 밥이 내게 늘 제일 힘든 일이었다. 그러나 어느 사람과도 처음이라는 시간이 있듯이 첫 식사 자리 또한 거치는 과정인데 난 그런 어색한 시간에 밥을 먹으면 꼭 체하곤 했다. 그것은 꼭 첫술에 체하곤 하는데 어려운 자리에서는 더 안 먹을 수도 없는 힘든 순간들이 있다.

여러 명이 함께하는 회식 자리는 그나마 괜찮은데 잘 모르는 사람과 첫 식사 자리는 언제나 편치가 않아 차를 마시는 일로 대신하곤 할 때가 많다. 사람들은 처음 만나 대화하다 보면 날 보고 참 편한 사람 같다고 한다. 어색한 자리를 안 만들고 싶어서 말로는 편안하고 즐거운 대화를 하다 보니 그런 첫인상을 가지는 사람이 많다. 그러나 보이지 않는 곳에서 낯가림은 나의 위장이 하는 셈이니 편안한 관계를 만드는 척도는 나의 배 속에 따로 있나 보다. 살다 보면 솔직한 민낯을 감추고 사는 일이 어디 한 둘일까마는 나이가 들면서 차츰 새로운 사람과의 관계도 무뎌져 가고 사회생활의 폭도 좁아지니 나의 보이지 않는 곳의 낯가림도 적어지지만 다시는 겪고 싶지 않아 늘 조심조심 달래가며 산다.

chapter 2

그 오지의 안부

그 오지의 안부

 골목길 어느 집 담장을 넘어 온 감나무에 잘 익은 주황색 감들이 파란 가을 하늘을 배경으로 주렁주렁 매달려 탐스러운 자태를 뽐내고 있다. 하도 예뻐서 길 가다 말고 서서 멍하니 바라보고 있는데 마침 곁을 지나가는 트럭 운전사가 문을 내리더니 그래서 떨어지겠느냐고 입을 벌리고 드러누워 있어야지요 하고 농담을 하며 지나간다. 감을 좋아하기는 하지만 내가 좋아하는 감은 저리 탐스럽고 큰 대봉시가 아니고 작고 동그란 산골 마을의 토종 감으로 떫어서 뜨거운 물에 우려내야 하는 월하감을 좋아한다. 딱딱하게 잘 익은 떫은 월하감을 따서 항아리에 넣고 따뜻한 물을 부은 뒤 이불을 덮어 보온하여 하룻밤을 두면 아침에 타닌이 빠져 달콤한 감이 된다. 크고 탐스러운 대봉감의 홍시도 달지만, 그와는 다른 단맛과 아삭한 식감이 더없이 좋다.

요즘은 주로 개량된 감나무들을 많이 심지만 내가 어릴 적 우리 동네에는 모두 월하 감나무뿐이었다. 다른 과일나무들이 잘 자라지 못하는 고도가 높은 지역이어서 그랬을까 할아버지는 감나무를 여러 그루 심으셨다. 고욤나무의 밑동을 사선으로 자르고 거기에다 감나무 어린 가지를 접붙이던 모습이 신기해서 그러면 고욤이 아니고 감이 달리냐고 묻고 또 묻고 하던 유년의 오랜 기억이 있다.

그렇게 감나무는 마당 끝에도, 뒷밭 둑에도, 개울가에도 여기저기 심어져 우리 집은 감나무 집이 되었다. 일하시다가 밭둑가에서 참을 드시는 할아버지의 그늘이 되어주기도 하고 나의 놀이터이자 친구가 되었다 노랗게 감꽃이 떨어지는 초여름이면 꽃들을 주워서 목걸이도 만들고 소꿉놀이의 밥도 되어 우리 친구들의 간식도 되곤 했다. 큰 감잎들 속에는 그 아래서 노는 우리 친구들 웃음소리만큼이나 조잘조잘 새 떼들이 몰려와서 살았고, 가을이면 노랗게 물든 감들이 저 아랫동네에서 올라오다 보면 우리 집보다도 먼저 눈에 들어오곤 했다.

늦가을이 되면 감들을 모두 따서 항아리 속에 볏짚을 한 켜 한 켜 놓으며 저장해놓고 눈 내리는 저녁이면 아랫목에 모여 우리 가족들은 꽁꽁 언 홍시를 녹여 먹곤 했다 어린 나의 유년은 마당 입구의 감나무 아래에서 울고 웃으며 나무와 함께 소녀가 되고 숙녀가 되었다. 그리고 나는 감나무 곁을 떠났다. 이따금 다니러 가는 그 오지에는 더 높이 높이 키가 큰 감나무가 기다리고 있었다. 나는 잠시 앉았다가 떠나 올 뿐이어도 감나무는 말없이 나를 기다리고 반겨주었다. 사랑하는 사람을 만나서 둘이 가서 앉아도, 엄마가 되고 셋이 되어 찾아가도 늘 그 자리에서 나를 반겨주던 감나무, 할아버지가 떠나시던 그 봄에도 감나무는 여전히 움을 틔우고 말없이 슬픔에 젖은 나를 위로해 주었다. 혼자 훌쩍 찾아가 앉아도 왜 혼자 왔는지, 얼굴이 어두워도 묻지 않는 나무 아래서 난 늘 위로받고 할아버지를 맘껏 그리워하다가 또다시 그 빈 집에 홀로 감나무를 세워두고 떠나오곤 했다.

할아버지가 세상을 떠나시고 우리 가족들은 모두 그곳을 떠났다. 빈집을 지키는 것은 오로지 키 큰 감나무뿐이었다. 찾아오지 않는 가족들을 기다리며 감나무는 봄이면 움트고 나의 목걸이가 되었던 꽃을 노랗게 뿌려도 아무도 돌보지 않았지만, 새색시 볼 같은 작은 열매를 맺고 저 홀로 익어가기를 반복했다. 녹슬어 허물어지는 헌 집은 주인의 체온을 잃은 지 오래지만, 주인을 기다리며 제 소임을 다하듯….

언제부터인가 가을이면 어디서든 남의 집 감나무를 만날 때마다 난 그 오지에 두고 온 나의 감나무를 떠올리게 되고 나무가 나에게 잘 지내느냐고 안부를 묻는 것만 같았다. 그런 날은 마음이 먼저 달려가 앉았다. 할아버지가 떠나신 지 40여 년, 언젠가는 나 역시 영영 찾아가지 못하는 날이 와도 나의 감나무는 그때도 묵묵히 그 자리에서 천천히 늙어가며 안부를 물어주는 오래된 또 하나의 가족으로 남아있을 것이다.

 쓸쓸한 날도 많았지만 인내하고 살았던 날들이 버팀목이 되었듯이 나무도 비바람에 패인 옹이로 가슴속에 아름다운 나이테를 만들며 늘 기다려주었다. 내가 살아낸 지난 날들의 이야기를 다 품고 있는 나의 또 다른 가족, 감나무는 그렇게 나와 함께 긴 세월을 같이 살았던 것이다. 나에게 누가 그처럼 묵묵히 기다려주고 안부를 물어줄까? 그 오지 언덕의 삭풍을 견디며 말이다. 이제는 손에 닿는 가지가 하나도 없는 키다리 감나무는 올해도 노구를 이끌고 한껏 제 소임을 다하고 작은 웅덩이 개울가에 힘든 제 그림자를 씻고 있겠지. 수북이 쌓인 마른 제 잎들이 이리저리 바람에 뒤척이다 마른 풀숲에 편지처럼 꽂히며 서걱서걱 가을이 깊어가는 것을 내려다보고 있을 것이다. 잘 지내느냐고 무언의 안부를 물으며….

할머니 나의 할머니

지하철을 타고 가며 핸드폰을 보고 있다가 문득 고개를 들었는데 맞은편에 친정 할머니와 너무나 닮은 사람이 있어 깜짝 놀라서 나도 모르게 자꾸 쳐다보게 되었다. 가뜩이나 마주 보는 거리가 가까운데 빤히 보니 그분과 자꾸 눈이 마주쳤지만 너무나 우리 할머니와 닮아서 민망하리만치 힐끔거렸다. 할머니 동생이나 큰딸이라고 하면 되리만치 나이가 드신 모습이었다. 그러나 할머니는 여동생도 없으시고 슬하에 자식도 없으셨으니 아무 관계도 아니란 걸 알면서도 마음 같아서는 말이라도 걸어보고 싶다는 생각이 들었다. 지하철역을 빠져나오며 할머니 생각이 많이 나서 수목원을 한 바퀴 돌다가 왔다.

할머니가 돌아가신 지 벌써 30년이 넘었다. 할머니는 할아버지와 재혼을 하셨다. 첫 결혼에서 아이를 낳지 못해 소박을 맞고 친정에 돌아와 지내다가 상처하신 할아버지를 만나 6살, 4살의 아버지와 작은아버지를 키우셨다. 그러나 작은아버지는 6, 25사변 때 입대하여 행방불명 되시고 아버지는 30대에 병을 얻어 요절하는 아픔을 겪으셨다. 그러나 할아버지와의 금슬은 아주 좋으셨던 듯하다. 할아버지에게 순종적인 천상 여자이셨던 할머니는 옛 여인들이 그랬듯 한 번도 할아버지에게 불만스러운 큰소리 한번 낸 적이 없었던 것 같고 할아버지 역시 할머니를 끔찍이 아끼셨다. 자식 둘을 다 앞세우고 두 분은 연년생을 낳은 나의 부모님을 대신해서 젖을 떼기도 전부터 나를 데리고 가서 키우셨다.

나의 유년의 기억에는, 부모님은 없고 조부모님과의 일들만 단편적으로 있다. 나중에 아버지가 돌아가신 후 어머니와 다른 형제들과 합가하여 같이 살게 되었다. 그때부터였으리라. 할머니와 어머니의 고부갈등의 시작점을 내가 정확히 알 수 없겠지만 내가 철들 무렵의 기억에는 고부갈등이라고 하기보다는 어머니는 남편도 없고 젊디젊은 며느리니, 시집살이라고 해야 옳을 것이다. 할아버지는 생때 같은 두 아들을 차례로 앞세우고 평생 술로 사셨다. 술을 드시면 가슴에 쌓인 한을 말로써 다 풀어야만 하는 나날들 속에서 할머니 또한 할아버지에게 받는 스트레스를 어머니에게 다 푸실 듯 시집살이를 시키셨다. 며느리인 어머니 역시 남편을 잃고 청상과부가 된 것이 안타깝기는 했겠지만 각자 본인들의 상처만 더 아프고 깊었던 시절이었던 듯하다. 농사일을 해 본 일이 없는 어머니는 그런 조부모님 밑에서 손금이 다 닳도록 일을 해도 경제권은 모두 할머니에게 있으니 자유도 권한도 없었다. 육체적인 고달픔과 함께 정신적으로도 힘들게 하는 시부모님과 살면서도 어머니는 남편 대신 부모님을 모셔야 한다는 생각이셨던 건지, 우리를 데리고 독립할 용기가 없었던 것인지 묵묵히 그 시집살이를 다 겪어내셨다. 어머니와 합가를 한 뒤에도 예전처럼 나는 할아버지 할머니 방에서 자랐고 밥상도 다른 형제들과 다르게 조부모님 상에서 밥을 먹고 잠을 잤다. 초등학교 저학년 때 동네 사람들은 나를 보면 넌 할머니 딸이다. 네 엄마는 할머니라고 놀리곤 했는데 어떨 때는 진짜 나는 엄마가 안 낳은 것인가 하는 의구심이 들 때도 있었다. 그건 맹목적인 할머니의 나에 대한 편애 때문이었던 듯하다. 할머니는 어디서 맛있는 음식이 생기면 다른 형제들 몰래 감추어 뒀다가 나만 주셨고 없는 살림에도 내가 하고 싶다는 것은 다른 형제들보다 먼저 들어주셨다. 지금 생각해보면 젖먹이 때부터 데려다 키우신 정이 있어서 그러셨을 것이고 당신 자신이 아이를 낳지 못하셨기 때문에, 나를 손녀지만 딸같이 정성을 들여 키워 남다른 애정이 있어서 그랬으리라 생각된다.

 내가 결혼하던 해 봄에 할아버지가 돌아가셨다. 혼자 남겨진 할머니는 고향을 떠나 어머니와 함께 오빠 부부와 살게 되었다. 평생 아껴주시고 울타리가 되어주셨던 할아버지가 안 계신 곳에서 할머니는 이제 다른 삶을 사셔야 했지만, 갑자기 그것을 온전히 받아들이기가 쉽지 않았던지 번번이 어머니와 갈등을 겪으시며 지내셨다. 오빠가 결혼하여 어머니도 시어머니가 되었지만, 할머니에겐 여전히 어머니는 당신의 며느리고 유일한 불만 표출의 대상이었다. 두 분은 고향이 같으셨기 때문에 도란도란 고향 이야기나 하시며, 미운 정 고운 정 다 든 삶의 아픔을 같이 나눈 연민으로 서로를 보듬어 안았더라면 아름다운 마무리를 했을 테지만 할머니는 습관적으로, 어머니는 이제 더는 며느리만이 아니니 두 분의 갈등은 언제나 가시질 않았다.

  내가 철이 들면서부터 함께 살지는 않게 되었지만 어쩌다 만나면 이제 두 분은 서로서로 나에게 하소연을 하기 시작했다. 할머니에게 나는 딸 같은 존재로 어찌 보면 유일한 당신 편이었다. 그리고 어머니에게 나는 엄연히 둘째 딸이었고 할머니를 설득하고 이해시켜야 하는 중재자가 되어 그 두 분의 하소연을 들어주어야만 했다. 그러나 그것이 어떠한 효과가 없다는 것은 번번이 되풀이된다는 것이다. 두 분의 쌓인 오랜 습관이 조그만 감정 하나에도 눌렸다가 일어나는 이불솜처럼 가라앉았다가 가시가 되어 일어나곤 했다.

  착한 오빠 부부와 어머니의 효도에 입을 닫고 감사로 받아들이고 뒷전으로 물러나 묵묵히 사시면 좋았을 텐데도, 한없이 내게 당신의 입장만 나열하셨다. 아마 그런 마음 뒤에는 할아버지가 떠나신 후 소외되지나 않을까 하는 자격지심에 힘드셨던 것 같다.

내가 결혼을 하고 멀리 떠나 살면서 한동안 나는 아주 가끔 부모님을 만날 수밖에 없었다. 그러는 동안 할머니는 어머니를 따라 천주교 신자가 되었다. 그리고 달라지길, 할머니 마음이 평안해지길 나도 기도하고 그 두 분 사이에서 내 마음도 편안해지길 바랐다. 그러나 신앙도 받아들이는 사람에게 평안을 주는 법, 남들에게는 더없이 친절하고 이해심 많은 두 분이었지만 두 분 사이의 감정은 무엇으로 설명을 해야 할지 알 수 없었다. 할머니에게 다른 자식이나 딸이라도 한 명 있었다면 조금 나았을 텐데 할머니는 친정 형제조차 남동생 한 분밖에 없었다. 결혼하고 내가 할머니를 가끔이라도 모셔와서 어머니의 묵은 시집살이를 덜어드렸어야 했는데 나 또한 그럴 여유가 없었다.

할머니가 돌아가시기 얼마 전 초등학생이었던 아들아이와 둘이서만 친정에 간 날이었다. 사위가 없어서였을까, 어머니와 할머니는 오랜만에 친정에 간 내게 번갈아 가면서 서로의 처지를 하소연하기 시작했다. 그날도 예전처럼 그냥 들어 드리고 이쪽저쪽 위로하고 나왔으면 그만이었을 텐데, 어쩌다 간 친정에서 기분이 상한 나도 그만 폭발하고 말았다. 절대 해서는 안 될 말을 하고 말았다. 그렇게 서로를 미워하면서 성당은 뭐하러 다니냐고 큰 소리로 할머니 가슴에 대못을 박는 말을 하고 말았다. 그리고 집에까지 울면서 오는 들판이 무척이나 황량했던 그 겨울, 영문을 모르는 아들은 엄마랑 증조할머니가 싸워서 집에까지 엄마가 울면서 왔다고 아빠한테 고하고 그 사이에서 어떤 것도 할 수 없이 힘든 나를 남편은 말없이 안아주었다.

  그리고 얼마 후, 할머니는 돌아가셨다. 고령이시기는 했지만, 할아버지 떠나시고 마지막 내 편이라고 생각했던 내게 마저 의지할 마음의 끈조차 끊어졌다는 허탈 때문이었을 것이다. 그렇게 나에게 사랑을 퍼부어 키워준 할머니의 가슴에 난 맷돌짝 같은 돌을 얹어 드리고, 당신은 아무 말 없이 떠나셨다. 할머니가 돌아가시고 오랫동안 마음이 너무나 힘들었다. 그렇게 나를 사랑하신 분인데 나는 얼마 남지 않은 그 시간을 마저 참지 못하고 무슨 짓을 한 것일까 하는 죄책감에 시달리며 두통과 회한이 밀려와 불면의 시간을 보냈다. 시간이 지나면서 조금씩 옅어지는 듯하다가도 다시 그 죄책감이 살아나 정신과 상담을 받았던 적도 있다. 그 의사는 나에게 고부간의 갈등은 본인들이 아닌 이상 누가 중재할 수 없는 문제라고 했다. 그리고 그 가운데에 있는 나는 너무 어렸다고 죄책감을 버리라고 했다. 그날 처음 보는 의사 선생님 앞에서 나는 의사가 나에게 어떤 처방을 내렸는지 기억도 못 할 만치 많이 울었다.

  할머니가 돌아가시고 혼자 남으신 어머니는 이제 홀가분하게 즐겁게 사실 줄 알았는데 급격히 노쇠해지셔서 6년 후 칠십 초반에 세상을 떠나셨다. 할머니가 계실 때에는 손주며느리가 있지만 그래도 어머니는 할머니의 며느리로서 할 일을 하시느라 중간에서 긴장하고 사셨지만, 할머니가 떠나신 후 눈에 띄게 늙어가셨다. 서로 애증의 관계도 결국 서로를 지탱하는 힘이었나 하는 아이러니한 생각이 들었다. 젊은 나이에 홀로 되어서도 끝까지 부모님 모시기를 다하셨던 어머니를 아시는 모든 분은 효부라 칭찬하셨고 효부상을 타기도 했던 나의 어머니도 어느 사람한테만은 하소연하고 싶은데가 필요했을 것이고 그것이 나였던 것인데 나는 너무 나약한 존재였다.

나도 이제 칠십을 바라보는 나이가 되고 보니 두 분 다 어느 정도는 이해가 간다. 할머니는 외로우셨던 것이다. 낳지는 않았지만 애써 키운 두 아들을 앞세우고, 할아버지마저 떠나시고 이 세상에 피를 나눈 사람이 없다는 허전함이 어쩌면 자신을 보호하는 것이 더욱 날을 세우는 것으로 생각하셨고, 자신이 힘없는 늙은이로서 소외될까 봐 두려우셨던 것 같다. 그 공허한 공간을 채우는 것에 사랑과 감사가 왜 없었을까만은 조그만 일에도 상처받는 것은 자격지심으로, 자신을 제어할 수 있는 지성이 없었던 탓이리라. 김수환 추기경님도 사랑이 머리에서 가슴으로 내려오는 데 칠십 년이 걸렸다고 하신 글을 읽은 적이 있다. 고맙고, 사랑하지만, 가슴에 묵은 상처가 먼저 반응하는 것이 아니었을까.

인연이란 과연 무엇일까? 피를 나눈 가족도 남보다 못한 관계도 있는데, 시어머니와 며느리로 만나 긴 세월을 함께 보낸 두 분은 돌아가신 후에도 나란히 가족 묘원에 누워 계신다. 저세상에서는 어떤 인연으로 살고 계실까? 누군가에게 나라는 존재를 인정받고,

대접받고 싶은 마음은 남이 아니기 때문이다. 내가 그만큼 기대고 싶고, 사랑하기 때문에 기대치를 높게 가지게 되고 그것이 충족되지 않을 때 서운함이 큰 것이다. 먼저 무한히 껴안을 수 있었다면 좋았으련만 키운 아들을 둘 다 잃고, 어머니는 남편을 잃고, 두 분은 그 자리에 있는 상처와 외로움이 너무 컸던 것으로 생각한다. 아버지가 살아계셨다면 고부갈등이 없었을까? 있다고 해도 함께 살지 않았을 것이고, 그 하소연 상대가 최소한 내가 아니었을 텐데 하는 원망 아닌 원망도 많이 했다. 조금 더 내가 성숙한 대처를 하지 못했던 지난 시간은 지금도 늘 회한으로 남아있지만, 그 정신과 의사 선생의 말처럼 난 두 분의 자식이고 불가능한 일이었다는 것으로 나 자신을 위로하곤 한다. 그러나, 그래도…. 여전히 떠나지 않는 할머니에 대한 속죄는 남아있다.

 삼십 리 오일장을 다녀오는 날, 어두워지는 바람불이를 지나칠 때면 무섭다고 칭얼거리는 나를 스웨터를 둘러서 업고, 그 등 뒤가 무섭다며 할아버지는 내 뒤에서 오라고 칭얼대면 다 들어주던 나의 할머니! 고동색과 빨간색을 섞어 짰던 그 스웨터의 무늬는 아직도 선명한데 나는 당신에게 받은 그 많은 사랑은 잊고 살았나 봅니다.

 할머니, 나의 할머니!
 고맙습니다. 죄송합니다. 그리고 사랑합니다.

금성슈퍼

　남부순환도로를 달리다 신림 사거리를 지나면 좌측에 신림동 파출소가 나온다. 파출소 귀퉁이를 돌아 주택가 좁은 골목으로 들어서면 기름에 찌든 굴뚝을 품은 옛날 통닭집이 나오고 그다음은 세탁소, 그리고 맨 끝 커브에 보일 듯 말듯 작은 슈퍼가 숨어있다. 높이 쌓아둔 음료수 상자 더미 사이의 좁은 미닫이문을 밀고 들어서면 구석진 곳에 작은 방을 끼고 갖가지 물건들은 저마다 오밀조밀 옅은 먼지를 이고 있다. 한바탕 조무래기들이 코 묻은 동전들을 놓고, 풍선껌이며 막대 사탕을 하나씩 쥐고 나가면 좁은 문을 덜커덩 밀어제치며 낮술 한잔에 이미 취기가 돈 동네 아저씨가 들어온다. 소주 한 병과 새우과자 한 봉지를 작은 계산대에 탁 올려놓으면 주인아저씨는 아주 익숙한 솜씨로 벽에 걸린 비닐봉지를 한 장 뚝 떼어서 담고 습관으로 셈을 하며 농담을 건넨다. 걸음을 옮길 때마다 불편한 한쪽 다리와 팔 때문에 슈퍼 아저씨의 감색 점퍼는 한쪽으로 비스듬히 기울어져 있고 거기에 맞추기라도 하듯 금테안경도 따라서 코끝에 간신이 걸려 세상을 바라보고 있다. 말을 할 때 한쪽 손을 내어 젓는 버릇이 있는, 항상 웃는 얼굴이 가수 김세환을 닮은 슈퍼의 사장님을 사람들은 모두 아저씨라고 부른다. 그러나, 그 손님들이 가게 문을 나설 때 힐끔힐끔 쳐다보고 가는 낯선 여자인 나는 그분을 선생님이라고 부른다. 웃을 때 노란 금니가 반짝이는 금성슈퍼 아저씨, 그분은 바로 나의 중학교 은사임이시다.

벌써 오십여 년이 지났지만, 선생님과 처음 만나던 날이 지금도 눈에 선하다. 우리나라 최고의 대학을 졸업하신 선생님은 초임지로 그 학교에 오신 첫날이고 나는 전학생의 신분으로 그 학교에 간 첫날이었다. 첫 수업 시간이었는데 선생님은 긴장하셨는지 학생들을 바라보시지 않고 칠판에 쓰신 단어 하나하나에다가 동그라미를 치고 또 치며 설명을 하셨다. 동그라미는 작게 크게, 때로는 진하게, 어떤 단어는 아예 보이지도 않을 정도로 덮어 치고 또 치곤 하셨다. 전학 온 첫날 어색한 환경 때문에, 설명이 귀에 잘 들어오지도 않던 난 어느 순간부터 동그라미를 세고 있었다. 하나, 둘, 셋……. 선생님이 동그라미를 추가해서 치실 때마다 조금 더 조금 더 하면서 세었다. 이윽고 종이 울렸고 수업이 끝날 때 내가 조용히 손을 들었다. 순간, 전학 온 첫날 낯선 여자아이가 손을 들자 아이들의 시선이 모두 내게 쏠렸다. 선생님은 질문이 있는 학생인 줄 알고 나를 지목했을 때 난 엉뚱하게 말했다.

"선생님께서 한 시간 동안 치신 동그라미가 몇 개인지 아세요? 164개예요!"

그 순간 아이들의 시선은 모두 칠판으로 쏠렸고 거기 가득한 동그라미에 손뼉을 치며 폭소를 터뜨렸다. 당황하신 선생님은 화가 나셔서 교무실로 오라는 지시를 남기시고 교실을 나가버리셨다. 그리하여 난 전학 온 첫날 교무실에 불려가는 문제의 전학생이 되었다. 그러나 단단히 야단을 치실 줄 알았던 선생님은 웃으면서 내 사춘기의 치기를 용서해주셨다 그것이 계기가 되어서 선생님과 난 많은 대화를 하게 되었다. 도시에서 공부하다 시골 학교에 전학 간 나의 방황도 채워주시고 공부도 열심히 하게 되었다. 방과 후 틈만 나면 도서실에서 소설책과 시집에 심취하던 그 시절, 선생님이 내게 권해 주었던 헤르만 헤세와 워즈워드, 릴케의 시들은 지금 읽어도 그때의 감동으로 다가온다.

선생님은 어릴 적 소아마비를 앓아서 한쪽 다리와 팔이 불편하시다. 장애인 선생님을 처음 본 학부모와 학생들 사이에서 자칫 연민으로 보일 수 있었으나 그분은 언제나 정상인보다 더 적극적으로 매사에 임하셔서 등산이나 탁구도 잘 치시고 비록 조금 우스꽝스러운 몸짓이지만 체육대회 날 손잡고 달려 우리에게 감동을 주시곤 하셨다. 훗날 어른이 되었을 때 선생님은 부임 첫날 나의 행동에 대해 장애인 선생님을 마냥 신기하게만 보는 아이들 틈에서 엉뚱한 농담으로 자연스레 바라본 내가 오히려 고마웠다고 하신 적이 있다. 선생님이 다른 학교로 전근 가시고 내가 고등학생이 되어서도 선생님은 늘 좋은 책 사 보라고 박봉에 소액환을 우편으로 보내오시곤 하셨다.

내가 학교를 마치고 사회에 첫발을 내딛던 무렵 선생님은 짧은 교직 생활을 마무리하셨다. 여러 해 동안 고시 준비를 하셨지만, 우리 관료사회의 장애인에 대한 편견의 벽을 넘기가 어려우셨던 듯 힘든 시기를 보내셨다. 그 무렵은 취직하려면 재정보증이라는 제도가 있었다. 고향을 떠나 서울 한복판에 아는 이 없던 시절 선생님 부모님께서 기꺼이 나의 재정보증을 서 주셨다. 덕분에 나는 대기업에 일등으로 입사를 할 수 있었다. 선생님뿐만 아니라 선생님 부모님께 입은 은혜 또한 잊을 수 없는 감사함이다. 짧은 교직 기간이라 찾아주는 제자가 많지 않은 선생님은 전화 한 통에도 고마워하신다. 그리고 훌륭한 선생님의 모습으로 있지 못하는 지금의 모습을 부끄러워하시기도 한다. 그러나 욕심 없이 소박하게 사시는 모습을 보면 오히려 나 자신이 반성하게 된다.

이제는 할아버지가 되신 나의 선생님은 지금도 늘 내가 처음 만났던 그 시절 열다섯 살 소녀로 보이나보다. 일년내내 하루도 빠짐없이 아침마다 좋은 글귀를 보내주시고 남편에게 잘하라고 타이르신다. 나이 차이는 크지 않지만, 때로는 아버지같이, 때로는 큰오라버니 같은 신생님은 지금도 나를 "숙아!" 하고 아이처럼 부르신다. 이제 머리가 허연 할머니가 되었는데도 선생님이 그리 부르시면 난 금세 어린아이 같은 마음이 든다. 내가 힘들어 투정해도 다 받아주시고 걱정해주시는 나의 선생님이 계셔서 난 언제나 동심으로 돌아가 그분을 의지하곤 했던 나날들이 오십여 년이 흘렀다. 유난히 예민한 감수성을 걱정해주시고 고집스럽던 나의 사춘기를 다 지켜봐 주셨던 선생님은 지금도 나의 든든한 지원군이시다. 힘들고 외롭다는 생각이 드는 어느 날에도 떠 올리기만 해도 행복한 한 사람.

아들아이가 어렸을 적에는 손잡고 그곳에 가면 아이스크림을 맘대로 먹을 수 있어서 좋아했다. 이제 아들아이에게 그분의 사랑을 말해주고 싶다. 그리고 아들에게도 마음속에 따듯한 은사님 한 분 계신다면 세상 살아가는 일이 힘들지만은 않다는 것을 말해주련다. 금성슈퍼에는 평생을 담아주고 또 담아줘도 모자라는 사랑을 지금도 봉지마다 담고 계시는 선생님, 나의 선생님이 계신다.

그런 선생님을 가진 난 참 행복한 사람이다.

잠들지 못하는 귀

초등학교 때 우리 집은 농사를 짓고 있었기 때문에 늘 어미 암소를 키우고 있었다. 가끔 새끼를 낳아서 두 마리가 될 때도 있었지만 마구간에는 늘 밭을 갈아야 하는 어미 소가 있었다. 어느 눈이 하얗게 내린 겨울밤이었는데 어미 소가 마구간을 나와 마당에서 걸어 다니는 발걸음 소리가 났다. 한밤중이라 무서워서 방문을 열지 못하고 곁에 주무시는 엄마한테 소가 나오는 것 같다고 깨웠더니 마구간에 잘 매어 있고 문도 있는데 소가 어찌 나오느냐고 내 말을 듣지 않고 어서 자라며 다시 잠드셨다. 이미 잠이 깬 나는 모든 신경이 마당의 발걸음 소리에 가 있어서 다시 잠이 오지 않았다.

마당을 배회하던 소의 발걸음 소리는 대문이 없었던 마당을 나가 점점 멀어지는 소리가 났다. 나는 다시 엄마를 흔들어 깨웠다.

마지못해 일어나신 엄마가 나갔을 때 소는 개울가까지 나가서 아랫마을 쪽으로 방향을 틀어 내려가고 있었다. 놀라서 온 가족이 다 일어나서 한바탕 소동 끝에 소를 다시 마구간에 잡아다 매며 놀란 가슴을 쓸어내렸다. 하마터면 집안의 큰 재산인 어미 소를 잃을 뻔한 사건이었는데 내 밝은 귀 덕분에 소의 가출 사건은 잘 마무리가 되었다. 그때 엄마는 잠귀가 밝은 나보고 넌 귀를 열어놓고 자냐고 하셨다.

어릴 때부터 자면서 두런두런 어른들의 하시는 대화를 자장가 삼아 들으며 함께 자던 버릇일까, 아니면 선천적인 기질일까는 모르겠는데 너무나 예민한 탓에 나는 한평생 곯아떨어져 잤다는 말처럼 자보질 못했다. 잠귀가 밝은 것과 함께 성인이 되면서는 불면증도 심해져서 며칠씩 잠을 자지 못해서 수면제를 먹고 쓰러지는 일을 경험하기도 했다. 아이를 낳고 나서는 한밤중에도 수시로 깨길 반복하다 보니 더 심해져서 이제 불면은 습관이 되고 말았다. 그나마 내가 잠을 자는 시간은 새벽 시간이었지만 30년 이상 새벽 출근하는 남편의 아침 준비로 그 시간도 여의치 못했다.

친구들이랑 여행을 가면 수다를 떨다가도 하나 둘 친구들은 잠든다. 그때부터 난 이리저리 뒤척이다가 새벽녘 겨우 잠이 들라치면 아침형 친구들은 벌써 일어나서 씻고 화장하며 부산을 떨어서 난 다시 비몽사몽 깨고 만다. 해외여행을 열흘씩 가다 보면 피곤이 쌓여 어느 하루라도 곯아떨어지는 날이 있으련만, 같이 간 친구들은 베개에 머리만 대면 금세 잠드는데, 홀로 깨어 늘 낯선 공간의 이방인이 되는 날 보고 안타까워한다. 그러노라면 눈은 아프고 머리도 개운치 않아서 하루가 피곤하기 짝이 없지만, 그날 저녁이 오면 다시 정신은 맑아 오니 어쩔 도리가 없다. 나의 이런 밝은 잠귀 덕분에 가족들도 다 같이 힘이 드는 일이다. 내가 잠을 자면 식구들은 조용히 해야 하고 먹고 싶은 것도 잘 못 먹는다

나이 들어서 요즘은 메인 일이 없다 보니 꼭 잠을 자야 하는 일도 없어 잠이 오지 않으면 안 오는 대로 그냥 내 시간을 즐기게 되어 힘이 드는 일이 줄어들었다. 그러나 조금 자더라도 수면의 질을 높이기 위해서 온갖 노력을 한다. 수면 사이클이 다른 남편과는 다른 방을 쓰고 너무 푹신한 침대를 버리고 매트리스도 바꿔보고 목베개 다리 베개, 커튼과 조명 등으로 이리저리 바꿔보며 잘 자보려고 노력하는 데는 이유가 있다.

수면 사이클에는 렘(REM)수면인 잠은 들지만 뇌는 깨어있는 얕은 단계의 수면과 논렘(non REM)의 깊은 잠에 빠져 꿈도 꾸지 않고 뇌도 잠드는 사이클이 반복되어야 건강한 수면이라고 한다. 우리 몸에 필요한 성장과 건강한 호르몬은 논렘수면 단계에서 많이 분비되는데 성장이 이제는 더는 되지 않는 노년기에는 치매를 예방하는 호르몬이 이 단계에서 많이 나온다고 하니 사람이 살아가는 동안은 늙었다고 필요 없는 호르몬은 없는 모양이다.

종일 커피를 물처럼 마시던 때가 있었는데 언제부터인가 오후에 커피를 마시면 카페인 분해가 되지 않는지 아침까지 뜬눈으로 새우는 날들을 경험하고 점심 식후에 커피 한 잔의 호사도 잃게 되었다. 녹차에도 카페인이 들었지만, 커피와 달리 녹차는 가바(GABA)라는 신경전달 물질이 뇌의 수면 효과를 개선해 주어 오히려 불면증을 완화 시킨다고 한다. 그러나 그마저도 이겨내지 못하는 나의 나약한 카페인 분해 능력으로 이제는 차를 마시는 시간도 제약을 받고 있다. 잠자리에 들 시간에도 커피를 마시는 남편은 내가 밖에서 무엇을 하던 잘도 잔다.

부지런한 아침형 인간인 남편은 일찍 자고 새벽에 일어난다. 요즘은 남편이 일어나는 시간까지 난 잠들지 못하고 있는 날들도 자주 있다. 함께 여행 가서 못 자는 나를 보고, 초저녁잠이 많은 친구는 본인은 아무리 걱정거리가 있어도 베개에 머리를 대면 잠은 오는 것이 신기하다고 말한 적이 있다. 그래서인지 그 친구는 아픈 데가 없고 늘 씩씩하다. 그게 다 깊은 잠을 잘 자서 그렇다는 생각에 우리 둘은 공감했다. 셰익스피어는 "좋은 잠이야말로 자연이 인간에게 부여해주는 살뜰하고 그리운 간호사"라고 했고 조셉코스만이라는 사람은 "절망에서 희망으로 건너가는 가장 좋은 다리는 밤에 단잠을 자는 것"이라고 말했다고 한다. 정신적으로나 육체적으로나 잠은 명약임에 틀림이 없다. 그 명약을 공평하게 부여받았을 텐데 제대로 쓰지 못하는 것은 오로지 나의 예민한 성격 탓일 것이다. 요즘 불면의 밤에 내 친구는 오디오북이다. 눈이 아파 책을 볼 수 없을 때 불 다 끄고 목소리 좋은 성우가 읽어주는 책들을 들을 수 있어서 얼마나 다행인지. 그럴 때는 눈으로 읽을 때 어려워서 잘 이해 안 되는 어려운 책들을 주로 선택하는데 그러면 듣는 단순한 받아들임이 더 이해를 도와주어 좋다.

조물주는 왜 인간에게 잠을 자게 했을까 하는 억지 생각도 문득 해본다. 짧은 인생 잠을 안 자도 지치지 않게 만들 일이지. 하긴 남보다 적게 자고 살았다고 더 이뤄 놓은 것도 없으니 할 말이 없지만 말이다. 작은 소리에도 반응하던 우리 강아지처럼 개띠 여자는 오늘도 쫑긋 세운 귀를 열어놓고 잠과 타협하고 산다.

추억을 주문했습니다!

무심코 리모컨을 누르다 홈쇼핑 채널에서 수리취떡을 팔고 있는 것을 보았다. 요즘에도 수리취떡을 파는 곳이 있구나! 하고 한참 들여다보고 있자니 오랫동안 잊고 있었던 맛이 어제 먹은 듯 되살아났다. 쑥떡보다 색이 더 검고 짙은 녹색이지만 향은 쑥보다 강하지 않고 씹을수록 고소한 맛이 나던 수리취떡, 내게 그 떡은 특별한 의미가 있었다. 어릴 적 수리취떡은 나의 생일 떡이었다. 단오 다음날에 태어난 나를 어머니는 생일을 잘 타고 태어나서 해마다 떡을 얻어먹는다고 하시며, 단옷날을 핑계로 풍족하지 못한 살림에도 늘 수리취떡을 해주시던 어머니의 사랑이 담긴 떡이었다.

어린 시절 고향에서는 단옷날이 설날이나 추석 못지않게 큰 명절이었다. 모내기나 밭작물 등을 어느 정도 심어놓고 더위가 오기 전 잠시 짬을 내어 즐기던 시간이었겠지만, 어린 우리에게는 제일 재미있는 그네를 매어주시는 날이었기 때문에 더없이 즐거운 날이었다. 마을 언덕 위에 커다란 소나무 두 그루 사이에 큰 장대를 걸치고 새끼를 겹겹이 꼬아서 긴 그네를 매어주시면 우리는 종일 밥도 먹지 않고 그네를 탔다. 친구랑 쌍그네를 타면서 지르던 환호가 어둠을 타고 저 아랫마을로 번질 때까지 타곤 했다. 간혹 어른들도 한복을 곱게 입고 그네를 타시곤 했는데 커다란 어른 한복을 어설프게 몰래 입고 그네를 타다가 치마가 저 멀리 날아가 버리는 재밌는 일도 있었다.

수리취는 나물취에 비해 잎이 크고 넓적하며 두껍다. 잎의 뒷면에 솜처럼 하얀 막 같은 것이 있어 나물취와 달랐다. 집 가까운 곳보다는 깊은 산 속에서 주로 나서 할머니가 한 망태기를 뜯어 오시면 줄기를 잘라내고 잎을 가마솥에서 데쳐내어 물기를 꼭 짠다. 그리고 찹쌀을 시루에 찐 다음 데친 수리취와 함께 절구에 넣고 떡을 쳤다. 떡메에 물을 묻혀 뒤집어가며 고루 친 다음 들기름을 발라주면 초록색의 아주 곱고 맛난 고소한 떡이 함지박 한가득 만들어졌다.

가끔은 콩고물에 묻혀서 먹곤 했지만 내가 제일 좋아하는 맛은 들기름을 두른 프라이팬에 노릇하게 구운 맛을 제일 좋아했다. 짙은 녹색의 떡이 겉은 바싹하게 구워지고 속은 쫄깃한 것이 참 고소해서 화롯불 앞에서 구워지길 기다리며 침을 삼키곤 했다. 먹을 것이 귀하던 시절에 떡은 사치스러운 음식이었다. 끼니도 잇기 어려운 사람들도 많았던 시절에 떡은 일 년에 몇 번 큰마음을 먹어야 하는 특별식이었다. 그러나 할머니와 어머니는 단오를 핑계로 매년 생일 떡을 정성스레 해주시곤 했다. 그때는 당연한 것처럼 의례, 때 되면 먹는 음식이려니 했는데 집을 떠나 객지 생활하면서 어느 순간 잊힌 음식이 되었다.

이제는 나를 위해 수리취를 뜯다 떡을 해주실 할머니도 어머니도 안 계시니 스스로 나에게 선물을 하고 싶다는 생각이 문득 들었다. 먹을 것이 풍요로워진 요즘에는 떡보다 빵이 그 자리를 차지하고 한동안 좋아하지도 않았던 떡이지만, 추억의 맛이 그리워 인터넷으로 찾아 주문하였다. 난데없는 떡을 보고 남편은 쑥떡이냐고 하고, 아들은 모시떡이냐고 묻는다. 평소에 떡을 좋아하지도 않고 먹어 본 적도 없는 색깔만 비슷한 이름들의 떡들이 이제 더 친근한 것이 되었으니 당연하다. 고급스럽게 빚어진 정사각형의 떡은 하나하나 비닐로 낱개 포장되어서 예쁜 상자에 담겨 왔다.

참 오랜만에 수리취떡을 하나 먹어 본다. 방앗간에서 기계로 만든 수리취 인절미는 쫀득하면서도 부드럽다. 엄마가 해주시던, 가끔은 밥알이 씹히는 덜 찧어진 절구의 맛이 아니고, 취나물 잎도 덜 섞여 희끗희끗한 투박한 떡이 주는 정겨운 맛은 없었지만 오랜만에 옛 추억을 먹어 본다. 손녀 사랑이 유별났던 할머니의 망태기도 생각나고 쇠 절구통에 힘들게 떡을 만드시던 어머니와의 추억이 떠올라 나도 모르게 눈시울이 뜨거워져 목이 메었다.

결혼하고 아이를 키우면서 난 명절 음식이나 절기 음식을 가능하면 꼬박꼬박 만들어 식탁에 올리곤 했다. 정월 대보름날 오곡밥에 갖가지 나물을 만들기 위해 봄이면 나물을 뜯어 묵나물을 말리고, 가을볕에 갈무리도 해가며 여러 가지 나물을 준비했다. 추석이면 삼색 송편을 한 말씩 빚어 형제들과 나누기도 했다. 아이가 좋아하지 않는데도, 동짓날은 새알심을 만들어 나이 숫자대로 먹으라고 성화를 부리기도 했다.

누가 시키지도 않는데 기꺼이 그렇게 힘들게 하는 것은 가족들에게 맛난 것을 만들어 먹게 하기보다는 아마 내 마음속에 추억의 음식들을 만들면서 어릴 적 그리움을 달래고 싶어서였는지도 모른다는 생각이 오랜만에 수리취떡을 먹으면서 들었다. 그러나 내가 만든 모든 추억의 음식들에서는 옛날 맛이 나질 않는다. 그것은 이제 그보다 더 맛나고 고급스러운 음식들에 길이 든 입맛 탓도 있겠지만 나를 위한 할머니의 사랑도 어머니의 정성도 들어있질 않아서일 것이다. 먼 훗날 내 아이는 엄마가 해주던 음식보다도 어느 고급스러운 식당에서 먹었던 한 끼의 외식을 더 기억할지도 모른다. 나의 노력으로 한가지라도 추억의 음식이 남아 나처럼 추억해 준다면 그것으로 충분할 일이겠지만.

나이가 들어가면서 입맛도 바뀌어 새로운 음식보다는 어릴 적 물리도록 먹던 음식들이 더 좋아진다.

입맛도 부모님을 닮아 가는가 보다. 오늘따라 손녀 사랑 유난했던 할머니도 그립고 어머니의 음식들도 그리운 날이다. 추억의 맛을 주문하듯 그분들의 사랑도 배달받을 수 있으면 좋으련만 배달된 떡 하나로 가슴속 사무치는 그리움을 달래본다.

바뀐 식객

고향 집에서의 아침은 공중에 떠서 맞는 아파트의 아침과는 사뭇 다르다. 온갖 새들이 마당 끝에까지 와서 합창하고 개구리들은 밤을 지새우고도 쉬지 않는 목청으로 아침잠을 깨운다. 간밤에 늦게 잠든 형제들은 모두 늦잠에 빠져있다. 새벽 낚시를 하러 가는 남편의 부스럭거리는 소리에 잠이 깨어 밖으로 나갔다. 미명이 막 가신 산속의 공기는 상쾌하다 못해 달디달다. 이곳에서 살면 분신처럼 달라붙어 있는 편두통쯤은 잊고 살 것 같다.

마당 끝에서 바라보이는 건너편 개울가에 머윗잎이 앙증맞은 우산처럼 펼쳐져 있다. 작은 바구니를 들고 개울을 건너는 발길에 이슬이 흠뻑 젖는다. 조금 큰 것은 데쳐서 쌈을 싸 먹고 작고 연한 것들은 된장과 고추장에 버무려 먹으면, 쌉싸름한 맛과 향이 그만이다. 한참을 비탈에 엎드려 뜯으려니 허리가 아프다. 기지개를 키는 머리 위로 산 뽕잎이 연한 잎을 이제 막 펼치고 있다. 사찰음식에 관심을 가지면서 알게 된 뽕잎에 대한 음식이 생각나서 이젠 허리를 펴고 뽕잎을 따기 시작했다. 잎이 피면서 오디도 같이 열리는지 조그맣고 파릇한 오디가 어느새 달려있다. 봄 누에치기가 끝나면 금세 검게 익어서 우리들의 간식거리가 되곤 했던 오디가 같이 떨어질세라 조심스레 한가지 한가지씩 따다 보니 어느새 한 바구니 가득하다. 작은 연녹색의 뽕잎들은 얼마나 깨끗한지 햇살에 반짝거린다. 금방 따온 뽕나무 잎을 데쳐 들기름 양념해서 아침상에 올려놓았다. 다들 처음 먹어본다면서 이게 무슨 나물이냐며 다른 음식들은 뒷전이고 접시가 먼저 비워진다. 뽕나무 잎이라고 했더니 그건 누에가 먹는 나뭇잎이지 사람이 먹느냐면서 그제야 의아해한다. 맛도 좋고 의학적으로도 아주 좋다는 설명을 듣고는 모두 이거야말로 웰빙 음식이라면서 아침 먹고 다들 뜯으러 간다고 야단이다.

모처럼 고향에 가면 앉아서 쉬는 잠깐의 시간이 아깝다. 평일에는 형제들 모두가 그곳에 살지 않으니 주말을 이용해서 씨도 뿌리고 김도 매 주어야 한다. 나무를 돌보는 일은 남자들의 몫이지만 상추나 쑥갓 등 각종 채소를 돌보는 일은 여자들의 몫인데 오늘 아침은 모두 산으로 올라가선 내려올 생각을 안 한다. 고사리도 꺾고 취나물과 뜯어도 뜯어도 지천인 머위와 돌나물 등…… 도시에선 다 사야 먹을 수 있는 자연산 무공해 식품들이 그저 널려 있다. 그중에서 오늘 아침에 맛본 뽕나무 잎에 매료된 사람들이 모든 것을 다 제치고 봉지 한 가득 뽕나무 잎만 뜯고 있다. 지금은 고향 분들 누구도 누에를 치지 않는다. 그러나 사오십 년 전에 우리 마을 사람들은 거의 집집이 누에를 쳤다.

  봄가을 한 달씩이면 되는 양잠업은 보릿고개에 짧은 기간 고소득을 올리는 주 수입원이었기 때문이다. 눈에 그저 검은 점 같은 작은 누에 새끼를 받아와 잘게 썬 연한 뽕잎을 먹으며 누에는 네 번 잠을 자는데 한참 먹고 나면 하루쯤 잠을 자고 나서 다시 먹곤 한다. 넉 잠을 자는 동안 성충이 된 누에는 한꺼번에 무척 많은 양의 뽕잎을 먹기 때문에 어머니는 새벽부터 밤늦게까지 뽕잎을 따야만 했다. 누에가 무서워서 누에를 치는 잠실엔 들어가지도 못하니 누에 밥 주는 일은 도와드리지도 못하고 가끔 주말에 집에 가면 뽕잎을 따던 기억이 난다. 그때는 당연히 누에나 먹었던 뽕잎을 이제는 누에는 보이지 않고 사람들이 먹겠다고 달려들어 뽕잎을 딴다. 요즘도 양잠하는 농가들이 있으나 비단을 얻기보다는 약효가 알려진 누에 가루를 얻기 위해서 하는 경우가 많다 하니 농업의 변천사 중에서도 제일 이색적인 일이 아닐 수 없다. 그때 심었던 뽕나무들은 이제 밭둑에 조금씩 남아서 고목이 되어 산 뽕나무들이 되어있다.

  봄 한철 동동거리던 어머니의 발걸음도 이젠 저 언덕 위에서 고인이 되어 편히 누워계시고 하굣길에 책보자기 허리춤에 묶고 입이 새카맣게 오디를 따먹던 친구들은 모두 머리에 서리가 내리는 나이가 되어버렸다. 강산이 수없이 변할 만큼의 세월이 지난 지금 연둣빛으로 반짝이는 작은 이파리 위로 햇살만은 변함없이 투명하게 내리쪼이고 있다. 일렁이는 추억을 따듯이 한 잎 한 잎 세월을 따 담는다. 흰 구름 둥실 그림자를 몰고 지나가는 평상위로 아침에 나물을 맛있게 먹은 오빠가 뽕잎을 먹었으니 이제 누에처럼 한잠을 자야 한다면서 벌렁 누워서 봄 한낮의 여유를 만끽하고 있다. 누에는 성충이 되면 더는 뽕잎을 먹지 않고 섶에 올려주면 그때부터 입에서 명주실을 뽑으며 집을 짓는다. 그리고 자신은 번데기가 되어 안에 갇혀 일생을 마치고 우리는 그 명주로 비단옷을 해 입고 번데기를 먹는다. 한 달 동안 오로지 뽕잎만 먹으며 세상에 더할 나위 없는 부드러운 천을 내놓는 그런 누에의 양식을 사람이 먹었으니 그 입으로 우리도 비단과 같은 말만 내놓아야 할 일이다. 그것이 바뀐 식객으로서 부끄럽지 않은 삶을 사는 도리가 아닐까.

어머니의 강

텔레비전 채널을 이리저리 돌리다가 며칠이 지난 연말 특집 프로그램 재방송을 본다. 명사들이 나와서 어머니의 애창곡을 부르는 시간이다. 저마다 가슴속에 묻어둔 어머니에 대한 애틋한 회상에 눈물을 흘리기도 하고, 그것을 보는 나도 마음이 찡해서 눈이 흐려오기도 한다. 그러면서 다들 공통적인 것은 어머니가 왜 그 노래를 좋아하게 되셨는지는 모른다. 그저 흥얼거렸던 것을 얼핏 들은 노래, 라디오나 텔레비전을 보면서 그저 좋아하셨던 노래란다. 그럴 수밖에, 그 시대의 어머니 중 누가 요즘처럼 목청껏 노래방에 가서 멋들어지게 한 곡조 뽑았을 것인가. 내 어머니 역시 마찬가지다. 노래방 문화가 널리 퍼져 너도나도 안 가 본 사람이 없을 정도인 어느 날 명절이었다. 어머니를 모시고 노래방엘 간 적이 있다. 우리 형제들은 어머니가 무슨 노래를 좋아하시는지 늘어본 적이 없으므로 그냥 무슨 노랠 어떻게 부르실까 궁금해서 마냥 권하기만 했다. 너희들이 노는 것만 봐도 즐겁다고 하시던 어머니께서 고르신 노래는 남상규의 〈고향의 강〉이란 노래였다. 혼자 계실 때 많이 불러보았던 노래인지 어머니는 처음부터 끝까지 아주 소녀 같은 목소리로 열심히 불렀다. 그 모습에는 진정 고향을 그리는 모습이 들어 있어서였을까? 우리가 다 숙연해지는 느낌이 들었다.

어머니의 고향은 강원도 양구다. 한 고향 분이셨던 아버지를 만나 결혼을 하고 고향을 떠난 뒤로 어머니는 한번도 고향에서 사신 적 없이 늘 타향에서 고향을 그리워하셨다. 그래서인지 가끔 고향 친척분들이나 친구분들을 만나면 고향 이야기에 밤이 늦도록 어린 시절 이야기를 하시는 것을 많이 보았다. 특히 초등학교 동창생들을 만나면 어찌나 반가워하셨던지 칠순의 나이에도 옛 은사님과 통화 할 때 보면 어린 소녀 같은 느낌이 들기도 했다." 눈 감으면 떠오르는 고향에 강……" 나도 어머니의 애창곡을 흥얼거려본다.

어머니에게도 어릴 적 동무들과 미역감고 놀던 추억의 강이 있었을 것이다, 그곳에서 어머니는 어떤 꿈을 꾸면서 가슴을 키웠을까? 그런 어머니와 난 한 번도 어머니의 고향에 같이 간 적이 없다. 그래서 어머니께서 가끔 들려주시던 고향의 모습은 내 상상 속에나 있을 뿐이다. 지금 어머니는 어머니의 고향이 아닌 피난 내려와서 할아버님이 마련하셨던 곳, 삼십 중반의 나이에 아버님을 보냈던 충청도 나의 고향에 묻혀 계신다. 너무도 고생스러운 날들을 보내신 곳이어서 그럴까, 어머니는 돌아가셔서 그곳에 가시는 것을 원치 않으셨다. 그러나 먼저 가신 아버님이 거기 계시니 그리 모셔 드릴 수밖에 없다는 형제들의 의견에 어머니는 지금도 고향으로부터 아주 먼 곳에서 고향의 강을 그리고 계신다.

텔레비전을 보면서 왜 살아계실 때 나는 어머니의 고향으로 손을 잡고 여행 한번 같이 가지 않았나 하는 아쉬운 생각에 가슴이 아려온다. 그랬으면 어머니께서는 얼마나 즐거워하셨을까? 어린 날들의 추억을 회상하면서 우리에게 홍조 띤 얼굴로 짧은 시간에 많은 이야기를 해 주셨을 텐데……그랬으면 지금 내가, 어머니가 좋아하셨던 노래를 부르며 내 고향의 강을 그리기보다는 어머니의 강을 떠올릴 수 있었을 것이고, 지금 내가 어머니를 회상하며 그곳을 가 볼 수도 있을 텐데 하는 아쉬움이 남는다.

내가 중학교 3학년 때 어머니는 우리 학교에서 주는 장한 어머니 상을 타신 적이 있다. 그때 수상 후에 어머니와 내가 함께 노래 부르는 순서가 있었는데 어머니께서는 선뜻 가곡 〈고향생각〉을 부르자고 하셨다. 지금 생각해보면 그 노래가 어머니의 고향에 대한 그리움을 대변해 주는 노래가 아니었을까? 너무도 힘든 세월에 노래를 잊고 살았던 어머니, 그러나 마음속엔 늘 그리던 고향처럼 묻고 사셨을 노래를 속절없이 오늘 내가 부르고 있다.

11월의 나무

　일 년에 한 번씩 매년 가을이면 우리 형제들은 고향 집 마당에서 김장한다. 이삼일 전부터 모여서 각종 양념을 준비하고 절이고 씻고 마당은 왁자지껄한 목소리가 저 아랫동네로 퍼져나간다. 대추 농사를 짓고부터 우리 집은 대추 김치를 한다. 마른 대추를 푹 고아서 그 물에다가 무 다시마 버섯 등을 넣어 우린 다음 마지막에 불린 찹쌀을 넣어 죽을 쑤어서 양념을 만든다. 그러면 대추의 달큼한 맛이 우러나 달리 설탕을 안 넣어도 감칠맛이 난다. 마당에다 커다란 평상을 놓고 둘러서서 배춧속을 넣다 보면 아침 일찍 시작해도 저녁이 되어야 끝이 난다. 올해는 날씨도 좋고 따뜻한 날을 잘 잡아서 별 무리가 없었다. 그러나 바람이라도 부는 날이면 우리 김치에는 들어가는 양념이 하나 더 있다. 그것은 바로 마당 건너 앞산의 낙엽송 잎이다. 가을이면 노랗게 물들어 떨어지는 낙엽송 잎이 개울을 건너와 마당까지 소나기 줄기 들어오듯 휙 한번 불어주면 순식간에 노란 바늘이 후드득 빨간 양념 위로 박혀버린다. 그러면 우리 형제들은 놀라서 온몸으로 막고 야단법석을 피운다. 어느 해인가 유난히 바람이 많이 불어서 애를 먹인 적이 있었다. 가끔 김치를 먹다 보면 낙엽송 바늘이 하나씩 나오곤 했는데 그해 김장이 유난히 맛이 있었다. 그 비결이 낙엽송 잎이 아니냐고 우스갯소릴 하면서 이제는 더러 들어가면 그래서 더 맛있을 거라고 농담을 하곤 한다.

  짧은 가을 해가 앞산 그림자를 마당에 부릴 때쯤에야 김장의 노동이 끝나 아픈 허리를 펴고 앞산을 바라본다. 이제 거의 잎을 떨어뜨린 낙엽송들의 열병식이 한눈에 들어온다. 어릴 적에 앞산 낙엽송 사이에는 진달래가 참 많았다. 무더기로 피어있는 참꽃 속에 숨으면 친구들이 찾지도 못했다. 지금은 진달래는 별로 없고 낙엽송 나무만 울창해서 나와 함께 나이 들어간다. 아마 나무들이 커가면서 잡목들이 다 도태되어 버린 것 같다. 나무 둘레가 이제 두 아름드리가 되었다. 봄여름에는 마당 가의 유실수에 먼저 눈이 가고 개울가 단풍마저도 다 지고 나면 앞산의 줄지어 선 낙엽송들의 맨몸이 눈에 들어온다. 나는 11월의 숲을 제일 좋아한다. 잎을 다 떨구고 선 나무 사이로 차가워지는 깨끗한 하늘이 참 좋아서 자주 걷게 된다.

  적당한 간격으로 서서 오랜 세월 우리를 내려다보고 있었을 나무들을 멀찍이 마당에서 건너다볼 때면, 사람과 사람 사이도 저 나무들 같은 간격이 필요한 것은 아닌가 하는 생각을 든다. 한껏 서로 껴안아야 그 사람을 다 안다고 생각했던 적이 있었다. 다가가 따뜻한 체온을 느껴야 사랑이 확인되는 신열 들뜬 인연이 진실한 관계라고 생각한 적도 있었다. 그러나 그런 인연들이 하나둘 상처를 남기고 멀어졌을 때 비로소 깨닫게 되는 간극은 그거리만큼 상처를 주곤 했다.

돌아보면 사람과 사람의 거리는 언제나 잡목 우거지고 안개 스민 오지(奧地)였고 그 안에서 난 종종 길을 잃곤 했다. 때로 오솔길을 따라가기도 하고 가끔은 신작로 길을 만나기도 했지만 보이는 길이 전부는 아니었던 날들이 얼마나 많았던가! 너무 가까운 감정의 뿌리가 엉켜 상처를 주고, 무성한 언어의 잎이 햇빛을 가려 하늘을 보지 못했던 시간이 많았다. 아주 오래 겹겹의 시간을 버텨온 나무일수록 제 간격을 지키고 있는 것을 본다.

우리 집 김장에 날아온 낙엽송 잎처럼 내가 떨어뜨린 무수한 말과 감정의 잎에, 어느 하나 날아가 인연의 나무에 양념처럼 자양분이 되었다면 다행이리라. 그것으로 다시 봄을 기다리며 인연의 나이테 하나 만들어질 일이다. 낙엽송 대열을 보며 가끔은 11월의 나무처럼 감정의 옷을 벗고 인연의 간격을 조율해 볼 시간이 필요하다는 생각이 든다. 생각의 잡목은 도태시키고 얽힌 상념의 가지도 걷어내고 한 발 떨어져 다시 봄을 준비한다면 늘 새로운 잎이 돋아

나지 않을까. 낙엽송 벗은 가지를 겨우 잡아 온 11월의 햇살이 마당 가에 짧은 밑그림을 그리고 있다.

진정한 음식

"요리 배우시는 거예요?"

"음식 배워요" 이렇게 대답하면 대부분 나를 아는 사람들은 "아니 부엌에서 은퇴할 나이에 웬 요리를 이제 배우냐"고 되묻는다. 그 대답에 요리가 아니고 음식이라고 대답하면 그게 그거 아닌가 하고 의아해한다. 사전적인 의미에서 사람이 먹고 마시는 모든 것을 통칭하여 음식이라고 말한다면, 요리는 재료를 알맞게 써서 적당하게 맛있는 음식을 만드는 것을 요리라고 말 할 수 있겠다. 그러나 사전에 먹고 마시는 것이 음식이라고 했으면 먹을 수 없거나 먹어서 해가 되는 음식은 음식이 아니라고도 했어야 음식이란 말의 진정한 의미가 된다. 거기에 덧붙여 잘 먹는 것도 내포되어야 하지 않을까 하는 생각이다. 잘 먹는다는 것은 맛있게 배 불리가 아니고 얼마나 건강한 음식을 먹었느냐가 진정한 음식의 정의에

써넣어야 할 만치 우리는 먹을거리의 오염 속에서 살아가기 때문이다. 그것은 누구에게나 해당하는 쉬운 대입이고 진리인데 언제부터인가 먹을거리에 안심할 수 없는 현실이 되고부터 음식이 다 음식이 아닌 시대가 되고 말았다.

　나의 친정어머니는 음식 솜씨가 참 좋으셨다. 마을에 잔칫날이면 어머니의 음식 솜씨가 빛나곤 했다. 해마다 설날이면 으레 세배꾼들이 끊이지 않아 명절 음식으로 부엌에서 몇 날 며칠을 헤어나지 못하곤 하셨다. 그런 어머니의 심부름을 해야 했던 난 그런 모든 것에 귀찮아서 불평해대곤 했다. 그런데 주부가 되고 나서 어느 때인가부터 엄마를 닮아가는 나 자신을 보게 되었다. 외식보다는 친구나 친지들에게 음식 대접하는 것이 즐겁고 내가 만든 음식을 맛있게 먹어주는 식구들이나 손님들을 보는 일에 즐거워하는 자신을 보게 되면서 음식에 관심을 가지게 되었다.

　친정어머니가 갑자기 돌아가시고 음식에 가장 기본이 되는 된장 간장 등을 어디서 얻어먹을 수 없게 되자 막막해졌다. 진즉에 배워두지 못한 것이 후회되었다. 전라도까지 유명하다는 맛을 찾아 장 담그는 방법을 배우러 다니고 책을 보고 어설프게 시작한 나의 장 담그기는 이제 제법 맛있다고 얻어먹기를 원하는 사람들이 늘어나게 되었다. 농약에 오염되지 않은 먹을거리를 얻기 위해 주말농장에서 초보 농사꾼 흉내를 내보며 자신도 웃기는 농사를 지으며 땅은 노력한 만치의 결과물을 정직하게 내어준다는 것도 깨달아 가

는 중이다

　김밥에 들어가는 단무지 하나에 열다섯가지 이상 식품첨가물이 들어간다는 것을 아는 사람은 그리 많지 않다. 아무 생각 없이 먹는 김밥 하나에 우리는 수십 가지의 몸에 좋지 않은 첨가물을 먹는 것이다. 음식이란 시간이 지나면 상하는 것이 정상인데 아무리 오래 두어도 상하지 않을 정도로 방부제를 넣는다. 보건복지부 통계에 의하면 세 명 중의 한 명이 암 환자라고 한다. 오늘은 네가, 내일은 내게 오는 것이 현실이 되어버렸다. 그렇게 많은 환자로 병실이 부족하여 요즘은 수술해도 하루 이틀 만에 퇴원해야만 한다. 특히 우리나라 사람들에게 급증하는 대장암은 대부분이 식습관에서 온다고 한다. 나의 주변에도 암 환자가 없을 리 없다 . 삼십 대의 젊은 나이에 당뇨 합병증으로 친구를 떠나보낸 기억도 있다. 스스로 조절하는 힘이 없을 때 곁에서 누군가가 식이요법을 도와주었더라면 그리 젊은 나이에 어린아이들을 두고 세상 등지지 않았으련만 지금 생각해도 안타까운 기억이다.

　지난 몇 년 동안 한 그릇의 음식을 완성하기 위해 가장 밑바탕이 되는 장 담그기와 식초 등 발효음식을 배우면서 음식의 기본을 무시한 요리는 있을 수 없다는 것을 깨닫게 되었다　또한 산야초를 이용한 약선 요리와 사찰음식 과정을 통해서 어떻게 먹어야 건강한 음식인지를 알게 되었다.　나의 식탁에도 그동안 많은 변화가 있었다. 결과는 효과가 좋다고 무조건 섭취하기보다는 그 사람의 체질과 상황에 맞게 음식을 먹어야 진정한 웰빙 음식이고 힐링 요리가 된다는 것이다. 현대인의 대부분은 영양과잉으로 많은 사람들이 성인병을 갖고 산다.

암이나 성인병들은 대부분 소리 없이 어느 날 문득 우리에게 찾아온다. 갑자기 남편이나 아내가 장기 요양을 해야 하는 어려운 투병에 처하는 가정들은 종종 본다. 그들이 원하는 이야기들은 막연히 어디 공기 좋은 데 가서 건강한 음식 먹으며 요양하고 싶다는 바램이다. 안타깝지만 그런 곳을 찾기란 쉽지 않은 것이 현실이다. 그리고 남은 배우자가 생활을 책임져야 하는 가정이라면 그런 곳에 가서 쉬는 일 또한 사치스러운 일이다 보니 그저 도시의 아파트에 남겨져 혼자 외로운 투병을 하는 사람들이 많다.

백세 시대라고 노래처럼 말한다. 기대수명 또한 80세가 넘었다고 한다. 그렇다고 무병장수가 기다리지는 않는다. 삶의 질이 중요하지, 숫자만 길면 무슨 의미인가? 어떻게 살 것인가의 가장 밑바탕에는 건강이 있고 그 건강의 근본은 음식에서 온다는 것을 오늘도 깨닫는다.

chapter 3

맨발을 감춘 저녁

맨발을 감춘 저녁

 평소에 여기저기 용하다는 점집을 찾아다니길 좋아하는 친구가 점을 보러 가는데 같이 가지고 했다. 내키지 않았지만 한 번도 가본 적이 없어서 궁금하기도 하던 차 호기심에 따라나섰다. 대청마루가 있는 철학원이었다. 먼저 온 손님이 있어서 우리는 마당에 피어있는 봉숭아꽃 하나를 따서 짓이겨 새끼손가락에 올려놓고 기다리고 있었다. 잠시 후 앞에 있던 손님이 방에서 나오고, 이어서 철학원장인 듯한 여인이 같이 나왔다. 날이 더워서 답답하다고 그 원장은 나를 흘끔 보면서 들어도 괜찮다면 그냥 마루에서 봐줘도 되겠냐고 친구에게 물었다. 엉거주춤하니 따라온 것을 후회하며 자리를 비켜주어야 할까 하는 생각을 하고 있는데, 친구도 내가 자기 사정을 다 아는 터라 좋다고 하여 본의 아니게 조금 떨어진 자리에 앉아 듣고 있었다. 사주팔자란 것은 어차피 통계인데도 친구는 점

집이며 철학관을 좋아했다. 더는 새로울 게 없었던지 내가 아는 친구의 사정에서 더 나을 것도 나쁠 것도 없이 금방 끝났다. 친구가 사례 봉투를 내밀고 일어나려고 하는데 철학관 원장이 나를 불렀다. 왜 같이 와서 안 보고 가느냐고 물었다. 내가 궁금하지도 않고 믿지도 않는다고 했더니, 돈을 안 내도 되니까 그냥 봐주고 싶다고 유혹했다. 나보다 십여 년은 위로 보이는 여인은 먼저 자기소개를 했는데 오랫동안 고등학교에서 국어 선생님을 했다고 했다. 국어 선생과 철학관 원장이라, 갑자기 내가 더 그 여인의 삶이 궁금해지는 순간이다. 그냥 차를 한잔하면서 이런저런 이야기를 나누다가 결국 나의 생년월일을 알려 주게 되었다. 그즈음 나는 남편과 아주 심한 불협화음으로 냉전 관계였지만 친구에게도 그런 내색을 전혀 하지 않은 채 지냈고, 그 여인에게도 나의 삶에는 아무 문제가 없는 척 연기를 했다.

  그 여인은 내 사주를 가만히 들여다보더니, 이번에는 민망하게 내 얼굴을 물끄러미 오래도록 바라보았다. 그리고 한참 후 첫마디가 "참 외로운 사주다."라고 말했다. 이 세상 외롭지 않은 사람이 어디 있을까, 통상적으로 그냥 그렇게 시작하는 것이겠지, 하고 생각한 내가 웃어 보였다. 심드렁하고 자기의 직업에 대한 신뢰가 없어 보이는 나의 마음을 눈치챘는지 그 원장은 내게 적극적이었다. 이런저런 나의 팔자에 관한 이야기 끝에 결국 남편의 생년월일을 알려 주게 되었다. 한참을 풀이하더니 이번에는, 남편보고 밖에서는 호인 소리 듣고 선비처럼 살지만, 표현이 없어 아내를 외롭게 하는 성격이라고 했다.

원장은 한 번도 본 적이 없는 남편에 대해 어쩜 그리 30년 이상을 산 나보다 더 잘 아는 사람 같았다. 그러면서 그는 그동안의 오랜 상담 경험으로 미뤄 나 같은 사람의 심정을 위로하는 방법을 잘 아는 듯 나를 이해한다고 위로해주었다. 갑자기 친구에게도 내 마음을 감추고 사는 내가 그 여인에게 내 치부를 다 들켜버린 듯 수치스러웠지만, 왠지 나를 이해해주는 위로를 들으니 슬며시 눈물이 났다. 아마 내가 구구절절 내 속내를 말하지 않아도 알아서 위로해주며 내 말을 들어주어서였던 듯하다. 마당의 봉숭아 꽃잎 같은 석양이 물들어가는 대청마루에 앉아 오랫동안 이야기를 나누는 동안 그녀는 친근한 언니처럼, 정신과 의사처럼 내 마음을 잘 어루만져 주었다.

상실의 시간들이었다. 투명한 햇살은 맑고 맑은데 내 마음은 자꾸만 허공을 딛고 휘청거렸다. 마음을 다잡으려 애써 보려했지만 손에 잡히지 않는, 나의 세월을 묻고 바위가 되지 못한 허망한 언어들이 눈물이 되는 시절이었다. 세상의 모든 슬픔은 다 내 마음에 있는 듯 쓸쓸한 날들뿐이었다. 누구도 나 자신의 외로움을 대신할 수 없다는 너무도 평범한 진리를 깨닫기 위해서는 세월이 약이었던 것을, 그러나 그것을 깨닫기에는 그때까지 포기하지 못한 미련으로 휘청이는 시간이었다.

점을 보는 사람들의 심리는 앞날에 대한 불안과 막연한 미래에 대한 궁금증 때문일 것이다. 그러나 난 그때만 해도 미래에 대한 나의 운명은 내가 만들어 가는 것이라는 생각이 지배적이었기 때문에 그것이 도움이 된다고 생각해 본 적이 없었다. 다만 그날 내가 만난 그 원장으로부터 받은 위로가 조금 특별했다. 어떤 대안도 없는, 그저 공감해주는 위로의 말들이 곧 내 사주팔자에 대한 답이었을 뿐이었다. 그녀는 마지막 헤어질 때 내게, 그러나 나의 사주팔자에 남편 이상의 남자는 없으니 이혼 같은 것은 생각도 하지 말라는 말을 덧붙였다. 나의 복이 거기까지란 말인가 뭔가. 이혼하고 싶다는 생각을 한 것은 아니지만, 더는 없는 운명의 배우자를 만났다는 것도 아닌 모호한 말을 했다. 그녀는 내가 주는 복채를 받지 않았다. 그리고 언제든 나보고 놀러 오라고 했다. 그러나 나는 그 이후 한 번도 그곳에 다시 가 보지 않았다. 가끔 그 앞을 지나노라면 지금쯤은 눈물 없이 그녀의 위로를 들을 것 같다고 생각한다. 나는 그동안 많은 것을 체념하는 굳은살이 배겼으므로. 몇 년의 시간이 지난 지금 나는 철저히 운명론자가 되어 삶을 아무 비판 없이 받아들이며 산다. 더는 없다는 남자와.

꿈이 뭐예요

　사업을 하는 사십 대 중반의 대표와 대화를 하는 중 그가 대뜸 내게 물었다. "선생님은 꿈이 뭐예요?" 사적인 사정을 잘 모르는 젊은 남자가 불쑥하는 질문에 선뜻 대답을 못 하고 있었다. 내가 미처 대답을 못 하자 그는 나 대신 자신의 꿈과 야망을 이것저것 장황하게 밝혔다. 내가 그의 사업장에 캘리그래피 글씨를 써 주는 일을 하고 있던 터라 그가 나에게 개인전 하는 것이 목표냐고 물었다. 아니라고 했더니 의아해한다. 내 대답 대신 한창 잘되고 있는 자신의 사업과 앞으로의 계획을 야심 차게 밝히던 그는 자신이 이끄는 아침 조찬 모임에 나를 초대하고 싶다고 했다. 어떤 모임이냐고 물으니 어떻게 하면 성공을 하고, 잘 사는 것인지 서로서로 조언도 해주고 친목도 다지는 모임이란다. 나보다는 다 젊은 나이들이 주된 회원인 것도 그렇지만 지금 나 자신이 어떤 일을 계획하고 있지 않은 상태라 생각해 보겠다고 하고 말했다. 돌아오는 길에 아까 그 질문이 자꾸 머릿속에 맴돌았다. 꿈이 무엇이냐는 질문에 나의 꿈은 이거라고 선뜻 말할 꿈이 나한테 없었던 것인지, 아니면 대답하고 싶지 않았던 것인지 그것도 잘 알 수가 없었다. 늘 계획을 세우고 부수고 하면서도 거창하게 꿈이란 말을 잊고 산 지가 오래되어 그 단어조차도 낯설어지는 자신을 발견한 날이다.

어르신들과 자서전 쓰기 수업을 몇 년 동안 하면서 나도 똑같은 질문을 어르신들께 한 적이 많다. 앞으로의 계획이나 버킷리스트 등을 정하고 써보시라고 하면 다들 처음에는 없다고 한다. 그리고 있다 한들, 자식들이 잘되는 것, 더 나아가 손자가 좋은 대학에 합격하는 것이 꿈이라고 적으신다. 그러면 나는 그런 거 말고 자신의 꿈, 나의 계획을 쓰시라고 하면 그분들은 이 나이에 뭔 꿈이 있냐고 하시면서 손사래를 치시곤 한다. 그러다가 어느 한 분이 아프지 않고 건강하게 사는 날까지 잘 살다가 잘 죽는 거라고 쓰면 다들 너도 나도 그렇다고 하시면서 그것 밖에 뭐가 있냐고들 하신다.

그런 분들을 모시고 경주로 여행을 갔다. 처음으로 호텔에 가 보신 어르신들도 있었는데 그분들은 소녀들처럼 좋아하시며 모든 것에 신기해하셨다. 경주를 처음 와보시는 분들이 의외로 많았다. 안압지 야경을 보며 환호를 지르고 아침 조식을 드셔도 신기하고, 영감님 수발에서 벗어난 것만으로도 날아갈 것 같다고 하시는 분들도 계셨다. 그 여행에서 돌아와 어르신들의 버킷리스트는 많이 달라졌다. 첫 번째가 친구들과 어디 어디로 여행 가는 것이라고 서로들 앞다투어 계획에 넣는다. 누구누구의 엄마에서, 할머니에서, 아내에게서 벗어나 나를 찾는 여행이 된 것을 기뻐하는 모습에 보는 나도 즐거웠다. 어려운 시절을 거쳐온 세대지만 그분들도 한때는 소녀였고 청년이었을 시절에 얼마나 푸른 꿈들이 많았을까? 이제는 나이가 들어 자기 의지로 여행조차도 멀리 갈 수 없는 형편이 되어버린 어르신들에게 희망을 적으라고 한 내가 얼마나 그분들을 이해하지 못한 수업이었는지도 알게 되었다. 오늘 나에게 꿈이 뭐냐고 묻던 젊은 사업가에게 나 역시 공감할 수 없는 대답일 것이 뻔해서 내 마음을 표현하고 싶지 않았던 것뿐이었다는 것을 깨달았다.

10대에는 막연히 이런저런 꿈들을 꾸었고 2, 30대에는 꿈을 꾼다는 것이 어떤 의미인지 아는 나이가 되어 섣불리 자신의 꿈조차도 고민하던 시절을 지나 이제 그 젊음의 시간에 내가 꿈꾸던 시간을 훌쩍 지나온 지금, 나에게 꿈을 묻는 사람도 그것에 대답을 못 하는 사람도 서로를 이해할 수 없는 현상이다. 지금 내가 80대 어르신들에게 묻는 물음에 정답이 없듯이 사십 대 중반의 그가 칠십을 바라보는 내 꿈을 어찌 이해할 수 있으며 공감을 할 것인가 말이다. 물질을 얻고, 누군가의 마음을 얻고, 원하는 바를 이루고 싶던 젊은 날들의 꿈이 있었다면 이제 고희를 바라보는 내게 원하는 것이 있다면 그것은 사업의 성공도 아니고 명성도 아니라고 한다면 그는 이해할 것인가. 나이에 따라서 희망도 따라 변하는 것은 당연한 일이다.

  남편이 은퇴하면 제일 먼저 하고 싶은 일이 있었다. 시골 생활을 싫어하는 남편 때문에 아주 완벽히 이주할 수 없다 하더라도 일 년쯤 내가 좋아하는 남해나 묵호 같은 한적한 어촌에 가서 살아보기를 하고 싶었다. 그러나 평생 놀아보지 못한 남편은 아직도 일하고 있어 떠날 수가 없다. 조만간 더는 일을 하지 않는 시간이 온다면 일 년이 아니라도 한달살이를 여기저기 조용한 곳에 가서 보내고 싶은 것이 희망 사항이다. 눈에 보이는 것을 이루는 일이 희망이고 꿈이었던 젊은 날이 있었다면 이제는 하나씩 비우고 고요하게 사는 일이 가장 소중한 나이가 되었다. 고요함 속에 평안함이 있고 깊은 사유가 있어, 나를 지탱해주는 힘이 되는 일상이 나의 희망이고, 꿈이라면 꿈이다. 지난 시간 동안 나를 거쳐 간 길 잃은 많은 외로운 꿈들조차도 다 나 자신이었음을…. 그리하여 그런 자신을 껴안고 상처도 안아 어루만지는 일이야말로 남은 나의 희망이다. 내 안에서 안으로, 안으로, 더 고요해지는 삶, 그것만이 나의 바람이고 희망이다.

병풍 뒤집기

 오랜 투병 생활을 하던 친구가 세상을 떠났다. 마지막 가는 그를 배웅하기 위해 청주로 향하는 고속도로 양옆에는 아카시아꽃이 흐드러지게 피어 있었다. 도로 위에 쏟아지는 초여름으로 치닫는 햇살은 눈부시게 투명하건만 자꾸만 고여 오는 눈물로 내 눈엔 뿌옇게만 보인다.

 고향에 갈 때면 나를 품어주는 듯한 청주시의 진입로에 플라타너스 터널은 변함없이 연녹색 잎으로 갈아입고 세상 사람들에게 무슨 일이 있든 아랑곳없이 자연에 순응하며 묵묵히 늘어서 있다. 오늘은 그 길이 아름답다고 느끼지도 못한 채 지나간다.

 병원 영안실에서 제일 먼저 눈에 들어온 건 지칠 대로 지쳐 쓰러져버릴 것 같은 친구의 남편이다. 오랜 병간호에 심신이 지치고 아내를 잃은 충격과 남겨진 세 아이의 아버지라는 현실에 그는 지금

절망하고 있으리라. 너무도 착하고 순해서, 누군가 지켜주지 않으면 도무지 세상살이가 어려울 것 같은 한 남자가 오열하며 무너지는 한편에는 그래도 산 사람은 먹어야 한다는 진리를 실감케 하듯 문상객들이 먹고 마시고 있다. 저만치 오월의 햇살 부서지는 마당 한가운데 고단했던 친구의 삶처럼 가냘픈 장다리꽃이 흔들리고 있다.

새마을 운동이 한창이던 그 시절 대부분의 농촌 실정이 그러하였지만, 친구의 집안 사정은 유난히 궁핍했다. 가진 농토 하나 없이 홀어머니의 품삯으로 여러 남매를 기르자니 언제나 먹을 것도 부족하였다. 친구네 마당의 흙이 유난히 고와서 우리는 공놀이와 땅따먹기 같은 놀이를 할 때면 으레 그곳을 이용하곤 했는데 그때마다 보는 저녁상엔 언제나 봄나물과 좁쌀을 섞은 죽이 저녁상 전부이곤 했던 기억이 난다. 초등학교를 졸업하고 진학은 엄두도 내지 못한 친구는 산업의 역군이 되어 도시로 떠나고 한겨울에도 삼십 도가 넘는 섬유 공장의 여공이 되었다.

명절 때 가끔 만나는 친구는 이제 스스로 돈을 번다는 사실에 희망차 보였다. 가난하지만 성실한 남편을 만나서 가정을 꾸리고 세 딸의 엄마가 되어서도 슈퍼마켓을 하며 억척스레 살아서, 이제 아담한 집도 장만하고 예쁜 딸들과 행복할 일만 남은 친구에게 병마가 찾아온 것이다. 식이요법이 중요한 당뇨 때문에 마음대로 먹지 못하는 친구가 하던 말이 생각난다. 어려서는 먹을 것이 없어서 늘

배가 고팠는데 이제 온갖 먹을 것이 쌓여 있는 슈퍼마켓의 주인이 되고서도 먹지 못하는 배고픈 팔자를 한탄하던 친구가 가슴 아파서 함께 울었다. 신부전증으로 혈액투석을 하면서도 밝게 살려고 노력하고 합병증으로 시력을 잃어가면서도 삶에 대한 강한 집념을 버리지 않던 친구는 사랑하는 남편과 딸들을 남겨 두고 어떻게 눈을 감았을까. 영안실 마당 끝에 장다리꽃의 긴 목만 무심히 꺾어댔다.

물질에 아무리 집착하여도 끝내 이 세상의 아무것도 소유하지 못하고 가는 길. 죽음 앞에서 우리들의 삶은 결국 묘비명에 태어난 날과 죽은 날로 함축해 버리는 아주 간단한 정리인 것을 ……. 숨 한번 쉬는 동안의 이 짧은 이승과 저승 사이에 죽음이 있다는 생각이 든다.

복잡한 현대사회의 각종 사고와 사건 속에서, 파괴되어가는 환경 속에 도사리고 있는 질병 앞에서 우리는 얼마나 죽음으로부터 자유로울 수가 있을까. 한 사람의 장례식에서 느끼는 것처럼 그렇게 죽음이 가까이 있다는 것을 깨닫는 순간만큼은 눈앞의 삶 안에서 벗어난다. 조금 더, 조금 더를 외치며 물질에 대한 욕심을 내는 것이란 얼마나 허망한 일인가.

내 친정엔 아주 오래된 병풍이 하나 있다.

그 병풍은 양면으로 사용할 수 있게 되어 있는데 한쪽 면에는 사계절의 풍경화가 수놓아져 있고, 뒷면에는 추사의 漢詩가 붓글씨로 쓰여 있다. 그 병풍은 우리 집 대소사 때마다 항상 쓰인다. 할머니의 생신 때나 어머니의 환갑잔치 때에는 화려한 꽃들과 새가 어우러진 풍경으로 잔치 분위기를 돋아 주었다. 그리고 그 할머니의 장례식 날에는 간단히 뒤집힌 뒷면의 글씨가 엄숙히 세워져 있었다. 친구의 주검 뒤에도 어김없이 병풍이 둘러쳐져 있다. 그가 좀 더 오래 살았더라면 좋은 날들에 저 뒷면의 화려한 그림을 배경으로 행복했을 텐데 무엇이 그리 급해서 저처럼 알지 못하는 어려운 한문으로 쓰인 시커먼 붓글씨를 배경으로 누워있는 것일까. 안타깝기만 하다. 누구나 이 세상을 떠날 때 한 번쯤 둘러볼 병풍, 그것이 언제 올지 모르기 때문에, 우리는 더 화려한 색깔의 병풍을 두르고 싶어서 욕심을 내는 것은 아닐지. 함께 여행하며 나눈 많은 이야기는 어제인 듯 생생한데 너무도 허무하게 삶의 끈을 놓고 떠나버린 친구의 죽음 앞에서 사람의 生과 死는 병풍 하나 뒤집는 일처럼 간단하게 끝나 버린다는 생각이 들었다. 그 앞에 무슨 욕심이 필요할까.

　말없이 누워 침묵으로 나를 맞고, 침묵으로 그를 보내는 오늘은…….

사모님은 안녕치 못하시다

하루도 목욕하는 것을 거르는 일이 없는 우리의 K여사, 유난히 깨끗하게 샤워를 하고 장롱 서랍을 열어 신중하게 속옷을 고른다. 편하고 좋으나 아줌마 스타일은 좀 촌스럽고, 예쁘고 화려한 것은 좀 경망해 보이기도 하고, 어떤 팬티를 입을지 한참을 망설이다가 무난한 보라색을 선택해본다. 치마를 입어야하나 바지를 입어야 하나 그것도 고민이다. 치마를 입고 누워서 척! 위로 걷어 올려야 하나, 바지를 입고 마지못한 듯 쓰윽 내려 주어야 하나 한참을 망설인 끝에 원피스를 꺼내 입고 어느새 바뀐 계절의 서늘한 바람을 막아줄 스카프도 두르고 집을 나선다. 좋은데 가시냐는 이웃의 인사는 듣는 둥 마는 둥 귀에 들어오지도 않는다.

일주일에 한 번씩 그를 만나러 가는 날들이 벌써 오 개월이 지났다. 하늘은 푸르고 이제 막 물들기 시작하는 가로수는 계절이 바뀌고 있다고 손짓하지만 그런 것들에 마음 쓸 여가가 없었다. 처음 만날 때나 5개월이 지난 지금이나 그를 만나러 가는 길은 가슴이 항상 콩닥콩닥한다. 저만치 그가 있는 건물이 보이면 그 콩닥거림을 누르려고 K여사 자신에게 최면을 건다. 용기마저 필요한 시간이 된다. 주차하고 엘리베이터를 타고 올라가 살포시 문을 밀어본다. 일순간, 한 무리 사람들의 시선이 K여사를 향해 꽂혔다가 고개를 돌린다. 죄지은 사람처럼 고개를 숙인 우리의 K여사, 이젠 아무 말 하지 않아도 알아서 그들은 그를 만날 순번을 준다. 모두 동질의 각오를 하고 온 많은 사람, 그때마다 대기실의 비밀유지를 위해 앞만 보게 되는 칸막이가 있는 의자를 늘어놓았으면 하는 엉뚱한 생각은 늘 올 때마다 간절하다. 아는 사람 얼굴 안 만난 것이 다행인 줄 알라던 친구들 농담에 웃어 넘겨도, 혼자만의 시간이 더없이 간절한 순간이다.

"고등포유 동물에 있는, 소화기의 맨 끝에 있는 구멍, 몸 안의 노폐물을 몸 밖으로 내보내는 곳으로 직장의 맨 끝에 있는 기관" 명칭은 상상하시라!

늘 숨어서 묵묵히 소임을 다하는 사전적 풀이의 그 기관이 반란을 일으킨 것은 지난 5개월 전부터였다. 주위에 많은 사람에게 흔히 들을 수는 있었지만 남의 일 인양 언제나 K여사의 그곳은 소모성도 아니고 기계처럼 정확하다고 자부하던 곳이었는데 사람의 일이란 모르는 일이 되어 뜻밖에 난관을 맞아 힘든 투병을 하는 것이다. 다른 장기와는 다르게 그놈이라는 소리가 절로 나오는 것은 치료하러 가서 보여줘야 하는 치욕스러운 자세 때문인지도 모른다.

어느 제약회사에서 만들어 뿌렸는지 병원마다 똑같은 자세의 캐리커처 그림을 침대 옆에 붙여놓고 올라가서 똑같은 포즈를 그이는 강요한다. 그 다음의 치욕스러운 순간은 아무리 각오해도 얼굴이 화끈거리는 순간이다. 이제는 정계를 은퇴하여 글쓰기 선생이 된 정치인을 닮은 그는 늘 K여사를 사모님이라고 부른다. 치마를 올리고 은밀한 곳을 보여주고 있는 순간에 뭔 사모님이란 말인지. 환자라는 무난한 호칭을 놔두고 그이의 무의식중 호칭이 더 낯 뜨거워져 구겨질 대로 구겨진 자존심에 소금을 뿌린다.

이번이 마지막일 거다, 이젠 마지막 가는 날이라 하기를 수십 번, 한번 단단히 뻗나 가기로 작정한 녀석은 다음 날, 다음 주 하면서 약을 올리며 계절을 바꾸는 중이다. 마음을 낮추어 경건히 반성하는 K여사의 요즘 일상은 그리하여 낮은 곳으로 임하는 중이시다.

맛있는 음식에는 찬사를 아끼지 않으며 먹어놓고 그것을 배설하는 힘든 일을 하는 녀석에게 무심했음을 반성한다. 오물을 뒤집어쓰는 악조건 속에서도 묵묵히 소임 다해준 그동안의 노고에 감사하며 감사패라도 증정하고 싶어졌다. 그동안 등한시했던 시간을 돌이켜 사죄하는 중이니 제발 재건해 줄 것을 간청하고 간청했다.

몸이 문제가 아니라 스트레스가 문제라 하니 맨 위의 머리로, 마음으로 조아려 숭배해야 할 판이었다. 자신의 몸이지만 스스로는 들여다볼 수도, 보지도 않은 채 무관심으로 살아가게 한 녀석은 어느 날 존재를 과시했고 지금 반란 중이다.

내 몸에 있지만 나보다 더 많이 들여다보며 성난 녀석과 타협 중인, 유시민을 닮은 그는 손가락을 들어 벽의 민망한 자세의 그림을 가리키며 오늘도 주문한다.

"사모님! 침대로 오르시지요."

K여사가 누구일지 상상은 금물이며 오늘은 댁의 그곳 안부를 묻습니다.

'모두 편안들 하신지요?'

유념

친구의 농장에 도착해서 차 문을 열고 나가는 순간 가축의 분뇨 냄새로 코를 막아 줘어야 했다. 먹이 주는 시간이 되었는지 돼지들은 일제히 꽥꽥거리며 소릴 질러대어 내 소리는 들리지 않아 나도 목청을 높여야만 했다. 잠시 친구를 기다리는 동안 들어간 집안에는 또 다른 새끼 돼지 한 마리가 돌아다니고 방안에는 더 어린 아기 돼지가 잠을 자고 있었다. 잠시 후 들어온 친구는 애완견이라도 되는 양 돌아다니는 돼지를 끌어안고 입도 맞추고 아기 다루듯 한다. 오늘 아침에 조산한 아기 돼지에게 우유를 먹이는 손길이 엄마가 아기를 안고 있는 것 같다. 솜털도 잘 보이지 않는 아기 돼지는 눈도 뜨지 못한 채 쌔근쌔근 우유병을 빨고 있는 모습이 귀엽기는 했지만, 너무 자연스러운 친구의 모습이 그저 의아하기만 하다. 아무리 씻어대고 새 옷을 입어도 돼지 냄새를 없애기 힘들어 이젠 그냥 산다는 친구의 복장은 그야말로 말 그대로 돼지 엄마다. 학창 시절 모든 방면에서 뛰어나서 친구들의 부러움을 샀던 친구의 모습은 오간 데 없고, 화려하다는 말은 그녀를 위한 단어인 듯 멋쟁이였던 그녀는 이제 향수 대신 돼지 냄새를 뒤집어쓰고 있다. 얼굴은 건조하여 푸석한 모습이고 거칠 대로 거칠어 마주 잡은 손에서는 갈잎 소리가 났다.

유난히 승리욕이 강했던 친구, 그래서 늘 혼자였던 친구는 부유한 가정에 공부도 잘하고 치맛바람 강한 엄마까지 두어 우리들의 선망과 질시를 한꺼번에 받았었다. 좋은 학교 나와 정해진 순서이듯 좋은 혼처에 결혼했다는 소식은 어쩌면 신선한 뉴스거리도 아닌 당연한 듯했다. 그러나 오랜 시간이 흘러 만난 친구는, 친정집의 몰락에 이어 남편과 사별을 뒤로하고 돼지 엄마로 변해있었다. 오랜만에 만난 내게 자신의 사는 모습을 담담히 이야기하고 보여주는 친구의 모습은 예전과 너무도 다른 사람이었지만 그 당당함만은 왠지 예전의 성격을 보여주는 듯해서 도리어 내가 머쓱해졌다. 귀농하고 싶어 하는 남편을 따라 들어온 시골에서 남편을 보내고 이젠 자신의 생활이 되어버린 농장 일이 여자 혼자서는 힘든 일이지만 잡념을 잊고 지내기에 그만이라는 친구의 말에 강한 자신감이 보였다. 농장을 뒤로하고 나오는데 환경이 사람을 저렇게도 바꿀 수 있구나 하는 생각이 들었다.

친구와 헤어져 돌아오는 길에 들른 선운사에는 꽃무릇이 불타고 있다, 입구부터 산 중턱까지 붉은색으로 뒤덮인 꽃들 속에서 관광객들의 환호성이 여기저기서 터진다. 잎이 다 지고 난 뒤에 꽃이 피어 잎과 꽃이 서로 만나지 못함을 두고 사람들은 상사화라고도 부르는 꽃, 그 붉음에 취해서 환호하며 절 마당에는 들리지도 않고 계속 올라가다가 어느 순간 한결같은 그 붉음의 강렬함이 지루함으로 다가와 발길을 돌렸다.

돌아서 내려오는 선운사 절집의 건너편 야생차밭에는 철 이르게 하얀 차(茶) 꽃이 피고 있다. 붉디붉어 화려한 꽃만 보다가 하얗고 앙증맞은 꽃을 보니 소박한 모습이 더 반갑다. 화려하지만 향이 없는 꽃무릇에 비하며 은은한 향이 나는 차꽃에 한참을 엎드려 코를 묻고 있었다. 꽃무릇이 잎도 만나지 못하는 상사화라면 차나무의 꽃은 이전 해 달린 열매를 다음 해 가을, 꽃이 필 때까지 달고 있어 실화상봉수(實化相逢樹)라고 부르기도 한다. 살짝 쪄서 말리면 아주 은은한 향이 나서 차로 마시기에도 그만이다.

茶는 1창 2기라하여 이른 봄 두세 잎 나올 무렵에 따는 어린 순을 최고로 치는데 여린 잎을 주로 아홉 번을 덖는다. 처음에는 뜨거운 가마솥에서 덖는데 순간에 익혀 숨죽은 찻잎을 꺼내어 식혀 깨끗한 멍석에 흰 천을 깔고 비비기를 한다. 이를 유념이라고 하는데 익힌 찻잎에 고루 상처를 내어 향을 좋게 하는 작업이다. 너무 강하게 하여 찻잎이 뭉개지면 풋내가 나고 너무 약하게 하면 맛과 향이 우러나질 않는다. 솥에 넣어 가열하고 다시 유념하기를 서너 번 하는데 골고루 적당히 상처를 내어 비벼주는 일이 그러므로 아주 중요하다. 유념이 잘 된 찻잎을 가향 처리하여 다관에 넣고 우리게 되면 아주 향기로운 차 맛을 낸다.

가을이지만 부드러운 새잎을 피워 올린 찻잎을 한 잎 따서 입에 넣어 본다. 쌉쌀한 맛이 입안에 퍼지다가 어느 순간 달콤한 향으로 변해 다시 하나 입에 넣게 만든다. 많이 걸어 아픈 다리를 뻗고 차밭에 앉아 건너편 도솔천의 꽃무릇을 바라본다. 곁에 잎 하나 두지 못한 채 홀로 자태를 뽐내는 꽃을 줄기 하나가 받치고 서 있다.

문득 조금 전 헤어진 친구의 모습이 떠오른다. 모든 것이 완벽해서였을까. 화려했고 도도해서 바라보다가 돌아서면 잊히는 사람 같았던 시절의 그녀에게서 느끼는 향기는 없었다. 그러나 돼지 분뇨에 찌든 그녀의 몸에서 나는 생활인의 냄새가 오히려 친근하게 다가오는 것은 어쩌면 그녀가 피워 올린 삶의 유념이라는 생각이 들었다. 돌이킬 수 없는 깊은 상처를 겪었지만 홀로 서 꿋꿋하게 생활인이 되어 살아내는 친구의 삶이야말로 상처를 향기로 승화시킨 잘 유념 된 차와 같다는 생각이 들었다. 오랜만에 만난 그녀가 신세 한탄이나 하며 눈물을 흘렸다면 많은 것을 가졌던 지난날들의 모든 것들조차 더 그녀를 괴롭히는 존재밖에 되지 않았을 것이다. 그러나 당당히 아픔을 이겨내고 있는 모습이 진정한 삶의 향기로 다가오는 순간이다.

누구에게나 시련은 예고 없이 온다. 그러나 크고 작은 상처를 딛고 일어나 어떻게 성숙해 가는가에 따라 삶의 향기는 다르게 피어난다. 잘 늙어 간다는 것은 어떤 것일까. 겉모습은 볼품없이 늙어가지만, 거기에 비례하여 깊어지는 향기가 그 사람의 품위를 말해준다. 앞으로 내게 남은 삶을 어떻게 유념할 것인가 그것이 인생의 가을에 접어든 오늘을 사는 나의 화두이다.

어떤 해후

"귀신도 자기 이야기를 들어 줄 사람에게 나타나는 법입니다"

지관의 말이 머릿속에서 떠나지 않고 자꾸 마음을 흔들었다. 꿈 속에서 밥상을 다시 차려오라고 호통치시는 할아버지, 신발을 사 달라고 하시는 아버지, 그리고 어머니 모습 등. 다른 형제들은 보 고 싶어도 한 번 안 나타난다고 아쉬워하는데 내 꿈에는 교대로 나 타나서 요구하시는 것들도 다양하시니 무슨 조화인지. 그러다 우연히 만난 지관의 말에 그동안 찜찜했던 부모님의 묏자리에 대 해 형제들이 모여 진지한 의논을 하게 되었다. 여러 차례 잔디를 심어도 잘 자라지 않는 할아버지 산소와 비탈진 할머니 산소, 개 울과 인접한 어머니 산소 등 여기저기 떨어져 있는 산소를 한군데 모아 가족 묘원을 만들자는데 의견이 모였다. 다른 형제들은 모두 멀리 살고 있고 조상님들의 이야길 들어 줄 사람이 나라고 생각하신다니 총대를 메고 이장 문제를 직접 추진하게 되었다. 우리 세대에는 그나마 한식날이다 벌초다 해서, 부모님 산소를 찾고 돌보지만 다음 세대들에게는 어려운 일, 조상님들을 한곳에 모아 화장하여 유골만 가족 묘원을 만들어 모시기로 했다. 지관을 모시고 자리를 보고, 비석도 맞추고 하는 나를 보고 출가외인이 친정 일에 나서서 애쓴다고 친절히 성의껏 해주시니 마음이 좋다.

 좋은 날을 택해 한 분 한 분 파묘되어질 때마다 그토록 내 꿈에 나타나신 이유가 풀려갔다. 나무뿌리가 칭칭 감고 있는 할아버지의 유골을 비롯하여 모두 편안하지 않은 모습이었다.

 다시 만난 햇살 아래서 조부모님과 부모님이 짧은 해후를 하시고 화장식을 하기 전 비록 유골이지만 마지막 인사를 하라고 한다.

 조부모님보다도 가장 먼저 세상을 떠나신 아버지가 오십여 년이 지난 후에 햇살 아래서 이제 세 아이의 아버지가 된 유복자인 막냇동생을 침묵으로 만나고 계신다. 나 역시 여덟 살 기억으로 아버지에 대한 기억이 별로 없지만, 이 세상에서 아버지와의 첫 만남을 유골로 대하고 있던 막내아우가

 "나보다 키가 더 크시네" 하고 돌아서 내려온다.

 그 한 마디에 아쉬움과 그리움이 다 담겨있다는 것을 안다. 어린 네 남매와 부모님을 두고 떠났던 아버지도 햇살 아래서 다시 만난 오늘의 해후에 얼마나 사무친 그리움을 풀고 계실까. 당신의 부재

에도 잘 자란 자식들에게 고맙다고 하실 것이다. 이제 당신이 살아내었던 그 세월보다 모두 나이 들어 제일 젊은 나의 아버지.

　네 분 모두 화장하여 작은 공원으로 만들어진 묘지 앞에서 차례를 지낸다. 긴 이별 후에 온 처음이자 마지막이 된 우리의 짧은 해후는 봄날의 햇살 아래서 그렇게 끝이 났다. 여러 형제 중에서 유독 내 꿈에 나타나셨던 부모님들이 이제 편히 쉬시길 빌어 본다. 내 마음도 한결 가볍다. 이제, 다시 꾸는 꿈은 그리움의 긴 포옹이었으면 좋겠다.

오늘도 파스텔을 샀다

미니멀라이프를 실천하고 사는 어떤 사람의 글을 읽고 크게 공감하고 최근 십여 년간 나는 살림살이를 많이 줄이고 살기로 마음먹었다. 옷이며 가재도구들은 일이 년 안 쓰면 다 나눠주고 재활용으로 버리고 하다 보니, 이제는 남편이 뭘 찾다가 없으면 묻지도 않고 혼잣말로 "버렸나 보네" 하고 포기하고 만다. 한 번 사용하고 가지도 않는 캠핑 도구며 비싼 텐트를 버려 모두에게 지청구를 들은 때도 있고, 남편이 애용하는 옷을 내가 보기 싫다는 이유로 몰래 버리기도 한다. 넉넉지 않은 살림살이에서도 꼭 보고 싶은 책들을 사 모았던 나의 유일한 사치였던 책장도 천여 권 이상 버리고, 이제 언젠가 다시 읽어 보고 싶은 작가들의 책들만 남겨두었다. 요즘은 신간도 가까운 도서관을 이용한다. 65세가 넘으니 다섯 권을 빌려도 2주에서 3주로 늘려주어 시간이 너너하여 여유 있게 읽을 수 있어서 좋다. 가게를 정리하고 남은 찻잔과 차 도구들도 차를 좋아하는 도반들에게 다 나눠주고 아끼는 찻잔도 다행히 며늘아기가 좋아해 나눠주었다. 앞으로도 더 버릴 것들이 많은 나이가 되고 보니 꼭 필요한 먹고 사는 것 외에는 물건을 사지 않을 생각이다.

그러나 그중에서 딱 하나 아직도 버리지 못한 버릇은 문구점을 지나치지 못하는 일이다. 요즘은 작은 동네 문구점들이 하나둘 없어져서 자주 갈 수가 없는데 가끔 대형문구점을 발견하면 그냥 지나치지 못한다. 캘리그라피를 배우다 보니 필방도 자주 가는데, 그 안에서 눈으로 이것저것 보기만 해도 기분이 좋아져 나는 우울한 날은 문구점과 필방 순례를 간다. 내가 문구점을 좋아하는 이유는 아마 어린 시절 맘껏 가져보지 못했던 학용품에 대한 욕구가 아직도 남아있어서 그런가 하는 생각이 든다.

고향에는 학교가 멀어 시골 초등학교에서 대구의 중학교로 유학을 갔다. 일학년만 11반까지 있어 칠백여 명 가운데서 우리 반은 입학성적 우수반으로 전교 일 등에서 60명을 뽑은 특수반이었다. 도시의 아이들은 정말 모든 면에서 뛰어났다. 어쩌다 입학성적이 좋아 그 반에 속하게 된 나는 그들의 일취월장 성장하는 속도를 따라잡기 어려워 고군분투 하며 보냈다. 그들은 공부를 잘하는 만큼 부모님들의 지원도 대단해 과외수업을 안 받는 아이들이 없을 정도였다. 아이들은 서로의 경쟁에도 치열했는데 사투리 억양의 억셈처럼 좀처럼 마음을 열지 않는, 친구가 아닌 그냥 경쟁의 상대로만 보였다. 그런 아이들 틈에서 나는 말투도 다른 이방인처럼 고독했고 언니와 자취생활을 하는 몹시 가난한 촌뜨기에 불과했다.

어느 날 미술 시간이었다. 그날은 파스텔 수업 시간이었다. 일 년 중에서 한두 번 하는 수업을 위해 나는 파스텔을 살 수 없었다. 그때 내 기억으로는 상당히 비싸서 언니에게 사달라고 말을 할 수도 없었지만 나 자신도 의지가 없었던 것 같다. 그날 젊은 여자였던 미술 선생님은 수업 준비를 해 오지 않은 유일한 학생인 나를 복도로 나가라고 했다. 그냥 스케치하고 있으라고 했을 수도 있고 다른 친구들과 좀 나누어 쓰도록 유도했을 수도 있었겠지만, 단호히 나를 격리한 그 복도에서 난 깜박 잊고 안 가져온 것이었으면 덜 서러웠을 텐데, 못 살 수밖에 없는 자신의 처지가 서러워 울었다. 그 미술 선생님이 나의 처지를 알 리 없으니 아마 불성실한 태도로 보였겠지만 나는 말없이 그 수모를 혼자 겪으며, 수치감과 서러움이 몰려왔던 것 같다. 그때 학교에선 늘 일기장 검사를 하곤 했는데 난 그날의 일을 쓰면서 학교생활에 힘듦을 나열했다. 나의 문학적 감수성을 늘 칭찬해주고 용기를 주었던 담임 선생님은 늘 그 일기장에다 용기를 잃지 말라시며 좋은 글을 써주시곤 했는데 그날 아주 긴 위로의 글을 써 주셨던 것이 지금도 생각난다.

어른이 되고 어느 날 문구점에서 고운 색깔이 가득 담긴 파스텔을 발견하고 다시 그날의 기억이 떠올랐다. 별다른 계획이 없이 그냥 작은 파스텔을 하나 샀다. 부드럽게 나의 손끝에서 서로 스며드는 그 부드러운 질감을 오랜 세월이 지나 느껴 보았다. 그리고 얼마 후 문화센터에 등록하고 이번에는 오일 파스텔을 샀다. 꾸덕꾸덕하고 일반 파스텔처럼 부드럽기는 덜하지만, 유화의 무거움도 아니고 파스텔의 가벼움도 아닌 손가락 끝에서 퍼지는 마술 같이 미끄러지는 질감이 좋았다. 나는 원래 미술에 재능이 없어 작품이 되지는 못하지만, 제주도의 푸른 바다를 표현해보고, 에바 알머슨의 무인도를 인 여인처럼 행복한 미소를 그리며 부자가 된 기분이 들었다. 유영국의 산 시리즈도 모사해보고 고운 색감에 빠져들며 아주 천천히 나는 그 옛날 나를 격리했던 그 미술 선생님으로부터 받았던 상처가 치유되는 감정을 느꼈다.

지금은 만년필을 쓰는 사람이 많지 않지만, 예전에는 만년필 좋은 것을 가지고 있으면 부자가 된 기분이었다. 누군가가 선물로 주었던 만년필들은 대부분 망가지기 전에 잃어버리곤 했다. 그런 날이면 아까워서 얼마나 속상하던지 찾고 또 찾곤 했다. 유럽 여행을 다녀온 동생이 언젠가 책을 내면 멋지게 사인하는 데 쓰라고 선물로 준 몽블랑 만년필은 이제 가끔 옛날을 추억하면서 필사를 해보곤 한다. 요즘은 붓에 관심이 더 많아 필방을 지나치지 못한다. 문구점에 가면 잃어버린 나의 청춘이 아직도 거기서 머무는 것 같아 마음 설렌다. 아마 내가 세간을 다 버려도 가지고 싶은 것들은 문구점에 있을 것만 같다. 어쩌면 나의 문구 사랑은 영영 끊지 못하는 충동구매의 유일한 한 가지일 것 같다. 보고만 있어도 부자가 된 듯한 내 서랍 속에 파스텔은 꼭 그림이 되지 못해도 정렬된 그 자체로 꽃밭이 되고 푸른 바다가 되어 나를 위로해 준다.

미래를 어루만지는 사람

　부탄이라는 나라는 내게 늘 궁금한 나라 중에 1위에 꼽힌 나라다. 전세계에서 국민의 행복 지수가 1위라는 뉴스에 자주 올라있어서이기도 했지만 개발되지 않은 천혜의 아름다운 풍경을 사진으로 볼 때마다 언젠가는 한 번쯤 가보고 싶은 나라다. 그래서인지 부탄을 배경으로 하는 다큐멘터리나 영화를 챙겨보는 편이었는데 우연히 접한 오늘의 영화를 보고 오랜만에 내 마음도 정화되는 가슴 뭉클한 시간을 만났다.
　(교실 안의 야크)라는 영화는 해발고도가 높은 부탄에서도 해발 4800m의 오지 루나나 마을에 부임한 한 신입 초등학교 교사의 이야기다 주인공 유겐은 할머니와 살면서 어려운 환경에서 교사가 되었지만 자기 적성에 맞지 않아 방황의 시간을 보낸다. 기타 치며 노래를 부르길 좋아하는 유겐의 꿈은 호주의 도시로 가서 가수가

되는 것을 꿈꾸지만 교사로서 계약기간이 남아있어 할 수 없이 오지 중에 오지 마을로 부임하게 된다. 버스에서 내려 며칠을 야영하며 걸어서 가야 하는 산골 마을에 촌장님은 부임하는 선생님을 모셔오라고 마을 청년을 보내고 유겐은 툴툴거리며 힘든 산길을 며칠 걸어 오지 학교로 간다.

 마을 사람 전부가 56명밖에 되지 않는 마을, 마을 사람들은 두 시간이나 걸리는 마을 어귀로 먼 길을 마중 나와서 양쪽으로 늘어서 어린 선생님을 맞이한다. 칠판도 없고 종이도 없는 열악한 학교 사정에도 채 열 명도 되지 않는 아이들은 새로 부임한 선생님에게 무한 애정을 보내고 유겐은 흙벽을 칠판 삼아 가르치고 종이가 부족한 아이들에게, 사택이라고 마을 사람들이 발라준 창호지를 뜯어서 공책으로 쓴다. 마을 주민들은 주로 야크를 키우고 야크의 배설물로 불쏘시개를 한다. 어렵게 적응하려는 유겐에게 교실에 야크를 매어주어 배설물을 얻을 수 있게 해준다. 유겐도 자신이 원치 않은 환경이지만 마을 사람들의 신뢰와 존경 속에서 마을과 동화되어 학교를 조금씩 변화시켜 나간다. 노래 부르기를 좋아했던 유겐은, 설산 아랫마을에서 야크를 키우며 아름다운 야크의 노래를 부르는 한 아가씨의 모습과 노래에 매혹되어 그 노래를 배우며 적응하는 듯하였으나 자신의 꿈을 버리지 못한 유겐은 호주 이민 허가서를 받게 되고 한 학기가 끝나고 루나나 마을을 떠난다. 자신들의 미래를 버리고 떠나는 선생님을 원망할 만도 하지만 맑고 아름다운 설산 언덕 위의 아이들과 마을 사람들은 유겐이 그 마을에 부임해 오던 날처럼 두 시간을 걸어서 배웅한다. 그렇게 유겐은 부탄을 떠나 호주의 어느 술집에서 흘러간 팝송을 부르는 가수가 된다. 그러나 사람들은 모두 자신들의 이야기와 흥에 빠져 유겐의 노래에는 아무 관심도 없다. 회의를 느낀 유겐은 어느날, 부르던 노랠 중단하고 루나나 마을에서 배운 야크의 노래를 부르며 자신이 있어야 할 곳, 자신이 진정 그리워하는 곳이 어디인가를 깨닫는 장면으로 영화는 끝난다.

실제로 전기도 들어오지 않는 부탄의 오지 마을에서 촬영했다는 풍경은 눈물이 나도록 아름다워 잠시도 눈을 뗄 수 없을 정도다. 꼬질꼬질한 옷소매의 반들반들 코 묻은 아이들의 순박하고 호기심 가득한 눈망울들을 보면서 어릴 적 나의 모습과 닮아서 더 오래 여운이 남았을 것이다. 내 어린 날의 모교에도 첫 부임지로 오신 젊은 선생님들이 많았다. 버스에서 내려 먼지 나는 신작로를 한 시간 이상 걸어와야 하는 오지의 학교에 처음 오신 선생님들은 남다른 열정이 있었다. 그런 선생님들이 아이들에게는 미래이고 도시와 오지를 이어주는 매개이기도 한 유일한 통로 역할을 했다. 그런 나의 선생님에게도 임용 후 첫 부임지의 아이들은 기억에 가장 많이 남는다면서 최근까지도 수십 년 동안 간직하고 계시던 사진을 복사해서 나눠 주시기도 하셨다.

영화에서 선생 유겐은 아이들에게 장래 꿈이 무엇인지 한 명씩

물어보는 장면이 있었다. 그중에 어떤 어린이가 선생님처럼 아이들을 가르치는 교사가 되고 싶다고 대답한다. 그 이유를 묻자 그 어린아이는 "교사는 아이들의 미래를 어루만지는 직업이니까요!"라고 대답한다. 방황하는 교사도 그 대답에 숙연해지고, 먼 나라 오지에서 수십 년 전 같은 환경에서 자랐던 내게도 큰 울림으로 다가온 대답이었다. 부모님 다음으로 세상에서 제일 처음 만났던 어른, 선생님의 가르침은 나의 미래에 얼마나 많은 삶의 초석이 되었고 진리의 상징이었던가.

 매스컴에 오르내리는 교사의 권익에 대한 작금의 세태들을 보면서 세대 차이를 떠나 나의 어린 시절은 해발 4800m 부탄의 오지에서나 추억할 정도로 아득한 옛날이야기가 되어버린 듯하다. 이제는 그런 오지가 없듯이 그 순수한 눈동자들이 없는 것일까 그런 아이들의 미래를 어루만지는 선생님이 없는 것일까. 풀 속의 제비꽃 같고 민들레 홀씨 같았던 그 여린 영혼들이 남아있는 학교가 더는 아니듯 학생도 선생님도 학부모도 다 쓰러져버린 갈대처럼 서걱이는 뉴스가 서글픔을 준다. 오늘날 그들에게 진정 미래를 어루만져주는 사람은 누구일까, 오늘 눈물이 나도록 아름다운 영화를 보면서 새삼 생각해본다.

킬리만자로의 표범

　아버지는 내가 초등학교 1학년 되던 해 늦가을 서른아홉 살 젊은 나이에 세상을 떠나셨다. 어린 나이기도 했지만 4남매 중 유일하게 나는 일찍이 조부모님 댁에서 자랐기 때문에 아버지에 대한 기억이 더욱 없다. 치유하기 어려운 병이 드신 아버지가 가끔 도시에서 내가 있는 조부모님 댁에 요양 차 오시곤 했다. 그러면 짧은 시간 내 차지가 된 아버지가 학교도 업어다 주시곤 했다. 가끔 드시던 박하사탕을 나눠 먹던 향기와 따스했던 아버지 등의 단편적인 기억이 전부다. 그러나 나보다 더 안타까운 것은 아래 남동생으로 아버지가 떠나시고 한 달 뒤에 유복자로 태어나 아버지 얼굴조차 볼 수 없게 되고 말았다. 아버지가 떠나시고 난 뒤에도 나는 여전히 할아버지가 보호자였고 어렸기 때문에 아버지의 부재를 크게 느끼지 못하고 살았다. 그러나 오히려 나이가 들어갈수록 아버지의 부재로 인한 상실감이 커졌다. 고등학교 시험 날 고사장에 따라온 친구의 아버지가 그렇고, 어머니와 조부모님이 채워주시지 못하는 문제들 앞에 부딪힐 때마다 그것은 원망이기 이전에 내가 수긍해야 하는, 오로지 내 몫의 무게라는 것을 받아들여야 할 때가 그랬다. 남겨진 우리 4남매에게는 아버지였지만 할아버지에게는 하나뿐인 아들이었고 무엇보다도 만삭의 어머니에게 남편의 부재는 얼마나 큰 아픔인지는 사춘기 어느 날 우연히 아버지의 자서전적인 일기장을 보고 알았다.

대학노트 한 권에다가 잉크를 찍어 펜으로 빼곡하게 적어 내려간 아버지의 글은 암투병하시는 1년 동안 쓰신 글이었다. 고향의 어린 시절에서 시작하여 학창 시절 이야기와 어머니와의 결혼 이야기, 그리고 직장 이야기 등이 자세하게 쓰여 있었다.

우리 형제들이 차례로 태어나던 날들의 소회와 뜻하지 않게 찾아온 병마의 고통 등이 고스란히 전해져, 처음 그 노트를 읽던 날 많이 울었던 기억이 난다. 얼마나 고통스러웠으면 끝줄에 이 힘든 64년도가 빨리 가버렸으면 좋겠다고 쓰셨는데 결국 새해를 맞지 못하고 늦가을에 떠나시고 말았다.

결혼하면서 가지고 온 그 일기장은 나의 서가에 꽂혀있다. 그리고 가끔 힘들고 외로울 때 꺼내어 읽어보곤 했다. 이제는 사춘기의 감성보다는, 모든 것을 버리고 세상을 떠나야만 했던 한 남자의 고뇌와 아픔을 이해하고 느낄 수 있는 나이가 되었다. 누렇게 변한 노트 한 권은 그대로 아버지를 추억하는 전부가 되어버렸다. 사진 속의 젊은 아버지가 창경궁 밤 벚나무 아래 한 살짜리 나를 안고 있다. 그 사진과 누렇게 바랠 대로 바랜 일기장을 매치시켜 추억해야 하는 빈약한 기억이지만 그것은 기억의 단편을 떠나 나와 우리 형제들에게는 아버지와의 소통이었고 생각만으로도 삶의 곳곳에서 지탱하는 보이지 않은 의지처가 되어 서가에 꽂혀있다.

아버지의 육필 자서전을 보면서 오래전부터 생각 해 온 일이 있었다. 나의 아버지처럼 젊은 나이에 시한부 삶을 살다간 안타까운 사람들에게 내가 그랬듯 그들의 남겨지는 가족들을 위해 자서전을 쓰도록 도와주거나 대필해 주는 봉사를 하고 싶었다. 그러나 늘 생각뿐이었다가 우연히 생각을 같이한 문우들과 구청의 도움으로 갑자기 작은 시작을 하게 되었다. 처음이고 덜컥 시작한 일이어서 대상은 내가 계획했던 병상의 환우들이 아닌 어르신들이 되었다. 우리가 하고자 하는 일이 어떤 형식인지 잘 모르는 구청 담당자들을 이해시키고 자서전을 쓰고자 하는 어르신들 앞에서 설명에 설명을 더해가며 더운 여름을 보냈다. 팔십이 넘은 어르신들의 지난 이야기를 들어주고 함께 수정하고 교정도 해가며 한 분 한 분의 삶 속으로 같이 들어가 각각 한 권의 자서전을 갖게 하려고 긴 편집 시간을 들여 예쁜 노트도 만들었다. 그냥 시 한 편, 수필 한

편 짓는 작업이 아니라 어르신들의 삶을 기록하는 일이다 보니 한 줄 한 페이지를 넘어가는 일도 공감 없이는 힘든 일이었다. 어르신들을 모시고 함께 1박 2일 여행도 하며 추억도 만들어 드렸다. 글을 쓰고자하는 분들이라 우리의 정서도 잘 이해하여 주신 덕분에 완성을 눈앞에 두고 발표회를 하였다. 한 자 한 자 육필로 쓰는 이 백여 페이지를 채우신 어르신들의 열정에 감동하기도 하고 그 분들의 삶의 마디마디를 엿보며 많은 것을 배우기도 하였던 시간이었다. 발표회에서 한 어르신이 젊어서 일찍 세상을 떠난 남편을 원망하며 살았는데 자서전을 쓰면서 처음으로 남편을 이해하고 못다 준 사랑에 후회를 많이 하셨다며 눈물을 터뜨리셨다. 자서전을 쓰면서 가슴속에 응어리진 일들을 쏟아내어 후련하다고 하시는 분도 계셨다. 어르신들의 눈물에 함께 한 나도 같이 눈물짓는 감동의 시간이었다.

  자서전을 처음 쓰라고 하면 사람들은 뭐 내가 대단한 사람이라고 그런 것을 쓰냐고 반문한다. 그러나 자서전은 위인전이 아니다. 내가 살아 온 지난 시간을 돌아보고 기록하며 앞으로 남은 시간을 설계하는 시간이다. 또한 지난 그 어느 시절, 용서가 되지 않은 일이 있다면 화해하는 시간이 되고 보듬어 안을 수 있는 포용의 시간이 되기도 한다. 그것이 타인이든 나 자신이든, 아픔의 시간을 떠나보낼 수 있는 용서와 치유의 시간이 될 수 있다. 그리고 내 아버지가 나에게 남기신 것처럼 먼 훗날 아들과 손자들이 나의 할아버지 할머니가 어떤 분이셨고 어떤 생각으로 사셨든 분인지 알게 되고 추억할 것을 생각하면 참으로 귀한 글이 되는 것이 자서전이다. 힘이 들었지만, 육필로 한 자 한자 써 내려간 한 줄, 한 페이지마다 호흡을 느낄 수 있었다. 내 아버지의 필체로 읽는 글이기 때문에 그 삶의 마디마디에 눈물이 배어 그대로 전해지는 것처럼.

"나는 지금 지구의 한 모퉁이에서 잠시 쉬고 있다.
바람처럼 왔다가 이슬처럼 갈 순 없잖아
내가 산 흔적일랑 남겨둬야지
가뭇없이 사라져도 빛나는 불꽃으로 타올라야지
모두를 잃어도 사랑은 후회않는 것,
그래야 사랑했다 할 수 있겠지
아무리 깊은 밤일지라도 한 가닥 불빛으로 나는 남으리
한 줄기 맑은 물 사이로 나는 남으리
꺾이지 않는 한 그루 나무되리."

조용필의 〈킬리만자로의 표범〉이란 노래에 나오는 가사 말 중에 일부이다. 이처럼 살아 온 흔적, 내가 산 흔적을 남긴다는 일은 나의 사랑을 남기는 일이다. 때로는 상처받고 외로웠고 쓸쓸했지만, 이 세상을 떠나는 날 우리는 살아서 못다 한 사랑하는 마음만 놓고 가는 아쉬운 시간뿐일 것이다. 내 아버지가 떠난 뒤에도 오십 년을 내 마음속에서 살며, 힘든 순간마다 나를 일으켜 세워 주었던 것 또한 사랑의 흔적, 그것 외에 또 무엇이 있겠는가! 당신이 애써 나에게 교훈을 주지 않으려 하였어도 거기에 담긴 사랑으로 크고, 견디며 살아 온 자식들이 있다는 것만으로 아버지의 소임을 다 하셨다는 것을 자서전 쓰기를 하면서 깨닫게 되었다. 킬리만자로의 표범처럼 아주 오래전 이 지구상에 미처 타오르지 못한 열정만 남기고 떠나 산이 된 내 아버지처럼 누군가의 흔적이 또 다른 어린 가슴에 사랑으로 남긴다면 내가 하고자 하는 자서전 쓰기가 작은 의미가 되어 또 다른 위로가 되리라 믿어본다. 이 세상을 떠난 아버지는 모두, 킬리만자로의 표범처럼 그렇게 자식들 가슴에 한 그루 나무로 남아 영원을 산다.

먼 길을 돌아 처음으로

오늘 아침 뉴스를 읽다가 내 눈을 의심케하는 기사를 보았다, 초등학교 입학하면 으레 하던 받아쓰기가 아이들의 정서적 학대라고 학부모들이 민원을 제기했다는 뉴스였다. 일기 쓰기도 같은 맥락으로 여긴다고 하니 시대가 아무리 변했다고 한들 이런 이해 할 수 없는 뉴스를 접하는 날이 온단 말인지. 요즘 아이들은 조기교육으로 한글 정도는 모르고 입학하는 아이들은 없을 테지만, 받아쓰기가 왜 학대인지 받아들이기 어려웠다. 일기 또한 매일 쓰며 배우게 되는 문장력과 마음의 성장은 어디서 배우는 것인지, 어이가 없는 기사는 나이 든 나를 어리둥절하게 만든다. 어른이 되어도 내 가슴에 남아있는 첫 문장은 언제나 "영희야 안녕! 철수야 안녕"이었는데 말이다. 공부를 잘하든 못하든 상관없이 글씨를 똑바로 잘 써야 한다고 배운 우리 세대를 요즘 세대들은 이해하기 어렵겠지만 한자씩 손으로 써 내려가는 글씨에 얼마나 많은 의미와 철학이 있는지 모르는 일부 학부모이기를 바라는 마음으로 이해하기로 했다. 지금도 원고지에다 육필로 글을 쓴다는 노 작가는 오늘 이 기사를 보고 무슨 생각을 했을까 궁금하다. 나 또한 편리하다는 이유로 컴퓨터로 글을 쓰지만 난 늘 마지막에 노트에다 내가 쓴 글을 필사해본다. 습작 시절 수없이 필사하던 명문장들을 생각하면서 내가 쓴 글들을 다시 써 보노라면 컴퓨터에서 놓친 단어나 문맥들이 새롭게 보인다. 그것은 아마도 내가 받은 아날로그식 교육 방법에서만이 깨달을 수 있는 또 다른 숨어있는 무의식중의 하나인지도 모를 일이다. 평생 기억하고 싶은 좋은 글들은 넘쳐나고 손가락 힘이 있는 한 나의 필사는 멈추지 않을 것이다. 글씨를 잘 쓰는 사람은 다시 보인다. 우연히 만난 사람이라 해도 멋들어지게 쓴 시원한 글씨체를 보면 왠지 그 사람의 인품이 그러할 것 같은 느낌이 든다.

　요즘 나는 캘리그라피라는 글씨를 새로 배운다. 글씨로만 표현하는 서예와는 달리 그림이나 도안으로 멋을 내어 내가 가진 생각들을 표현하는 방식이 마음에 들어 즐거운 취미가 되었다. 평생 바른 글씨만을 써오던 습관이, 틀을 깨어 멋들어지게 글씨를 써야 하는 훈련을 때로는 방해하기도 한다, 그러나 홀로 앉아 조용한 시간 붓을 잡으면 붓이 주는 부드러움과 먹의 번짐에 스며들어, 한 획 한 획이 명상이 되는 시간은 또 다른 감성의 나를 만나고, 글자 하나를 완성해 내는 시간은 모든 잡념을 잊게 해준다. 내용 또한 예쁘고 교훈적인 글귀들을 선정해서 쓰다 보니 더불어 마음수련도 된다. 같은 작품도 쓰는 사람에 따라 다른 느낌으로 변하는 글씨를 보면서 글씨는 그 사람의 마음과 성품을 닮는다고 했던 말이 실감이 난다.

  캘리그라피를 공부하면서 필적 전문가가 쓴 책을 흥미롭게 읽은 적이 있는데 글씨는 뇌의 흔적이며 어릴 적의 성장 환경을 반영한다고 하는 대목이 인상적이었다. 글씨 하나로 돈이 많은 사람이나 범죄자들을 분류할 수 있다고 한다. 글씨체를 바꾸면 운명도 바뀐다고 하는 말에는 공감하기 어려웠는데 요즘 글씨를 많이 쓰다 보니 조금씩 이해가 가기도 한다. 가만히 눈을 감고 하는 명상보다도 글자 하나에 온 정성을 쏟다 보면 자연스레 명상이 되고 잘 써진 글자를 보면 힐링이 되기도 한다. 가끔 뜻대로 되지 않을 때는 짜증도 나지만 그 과정 또한 수련의 시간이 된다. 나에게 애초에 한글을 가르쳐 준 분은 아마도 초등학교 1학년 선생님이셨을 것이다. 그분이 글씨체까지는 선택해 주시지 않았겠지만, 그분을 통해서 나는 자신을 표현하는 문장을 습득하고 성품도 자라고 일기를 쓰며 내면의 감성을 어루만져 표현하는 사람으로 성장했다. 요즘 나는 나만의 캘리그라피 글씨체를 찾는 것이 목표가 되었다. 평생 써 온 글씨체가 있어서 어려움을 주고 있지만 언젠가는 완성되리라는 기대를 하고 연습 중이다. 글씨는 뇌의 흔적이라고 했던 필적 연구가의 말대로라면 더 좋은 생각과 명상으로 내면을 가꾸어야만 얻을 수 있는 일이니, 노년에 이보다 더 좋은 수련도 없는 듯하다.

  같은 강의 내용이라도 한글은 물론 한자나 영어 등 유려한 필체를 쓰면서 강의하는 사람을 보면 깊이가 있어 보이고 멋있어 보인다. 이것은 오로지 나의 개인적인 생각일 뿐이긴 하다. 유명한 톨스토이나 베토벤은 악필의 대명사로 꼽힌다. 천재는 악필이라고 글씨 못 쓰는 사람들이 위로하자고 만든 말인 듯하지만 사실 글씨보다는 천재의 영감에 열중하다 보면 글씨를 잘 쓸 시간이 없었으리라. 시대가 아무리 변해도 요즘 서점에 가보면 명문장들을 필사하게끔 나온 책들이 많다. 필사가 단지 글씨를 잘 쓰기 위해서 쓰는 것이 아니듯, 손 글씨를 쓰면서 한 획 한 획에 담긴 의미를 깨달아간다는 것을 요즘 아이들을 키우는 젊은 부모들이 알았으면 좋겠다. 사랑하는 사람에게 모바일 안부 한 줄도 좋으나 가끔은 누군가에게 세월을 거슬러 마음 꾹꾹 눌러 담은 손편지 한 장 보낸다면 오래 가슴에 남을 것이다.

  이제는 손가락 근육이 아파서 오래 쓸 수 없지만 필사하는 일이야말로 나의 가장 큰 명상이고 내면을 바라보는 시간이다. 그 옛날 고사리손으로 연필에 침 묻혀가며 쓰던 그 시간으로 돌아가서 나를 만나는 시간이 좋다.

chapter 4

모과나무

모과나무

　모과나무 옆구리가 무참히 잘려 나갔다. 비명을 지를 새도 없이 당한 가지들이 허연 버짐을 드러내며 누워있고 살아남은 꼭대기의 가지들은 몽당빗자루처럼 쭈뼛 제 잘린 가지들을 망연자실 내려다보고 있다. 잘린 단면에서는 아직도 수습하지 못한 수액이 노인의 짓무른 눈가처럼 진득하게 배어 나오고 있다. 외출에서 돌아오는 길에 무참한 광경과 마주한 나는 무거운 장바구니를 바닥에 내려놓고 나무의 위아래를 번갈아 쳐다볼 뿐 그저 멍하니 서 있을 수밖에 없었다. 주변을 돌아보니 여기저기 다른 나무들도 다 팔다리를 잃고 휑하다. 마침 지나가는 다른 동의 경비 아저씨한테 아쉬우나마 하소연을 해보았다. 나무의 전지를 해도 좀 적당히 할 것이지 어찌 이리 무지막지 마구잡이로 잘라버리느냐고. 그분이 자른 것도 아닌데 감정 섞인 목소리로 따지듯 물었다. 그랬더니 아래층의 방범과 햇빛 차단 등으로 적당히 자를 수가 없다고 한다. 그러면서 고층에 사는 주민은 그런 고충을 모른다고 하면서 일장 연설을 하며 오히려 나를 교육하고 가버렸다. 저층에 산다고 경비실이 코앞에 있고 방범창을 휘둘러 설치하고 사는데 무슨 도둑이 들까? 나무 그늘이 조금 진다손 치더라도 푸른 잎과 가을이면 노란 향기를 선물해주는 나무가 그리 거슬리는 일인지, 할 수만 있다면 저층 주민과 바꿔주고픈 아쉬운 마음뿐이다.

아파트 현관 앞에 키가 아주 큰 소나무들 사이에 작은 모과나무는 내가 제일 좋아하는 오랜 친구다. 나와 함께 이 아파트의 터줏대감이 되어가며 쑥쑥 커서 이제는 2층 높이까지 키가 크고 넓은 잎으로 그늘을 만들어 이름 모르는 새들이 떼지어 살곤 했는데 오늘 가지가 왕창 잘려 머리만 남은 형상이 되었다. 예전에는 모과나무는 가을이나 되어 잎 다 지고 노란 열매를 떨어뜨릴 때에야 눈에 띄곤 했는데 이곳에 와서 처음으로 모과나무꽃도 알게 되었다. 작고 앙증맞은 꽃분홍색으로 아주 조그만 장미꽃 같기도 한 것이 참 예뻐서, 나는 봄이면 넓은 잎사귀 사이사이에서 그 작은 꽃들을 찾아 사진을 찍곤 했다. 익기 전, 파란 열매를 많이 떨어뜨리고도 가을이면 노란 모과가 주렁주렁 익어서 보기에도 참 좋았다. 한 번도 제대로 된 것을 따 본 적은 없지만 늘 눈여겨보기 때문에 해마다 한두 개 떨어진 것은 나에게로 와서 내 방이나 차 안에서 향기를 주었다. 시간이 지나며 노란 살갗에 검은 점들은 점점 많아져 가도 방안 가득 은은한 향기는 눈보다는 향기로 고개를 돌리게 한다.

초등학교 시절 담임선생님은 학교 운동장 가에다 플라타너스를 심으며 이것은 누구 나무, 저것은 누구 나무하면서 심어주셨는데 오십 년이 지나 폐교가 된 지도 수십 년이 지났지만, 아직도 그 자리에서 아름드리나무로 서 있다. 자기 나무를 기억하는 한 친구는 가끔 고향에 가면 자기 나무라고 좋아한다. 그보다 좋은 모교의 선물이 또 있을까.

나는 자주 가는 뒷산이나 산책길에 나의 나무가 여럿 있다. 물론 그것은 내가 심은 나무는 아니고 누군가가 심은 나무로 나와 아무 상관 없는 나무지만 마음에 들면 나의 나무로 삼는다. 그저 내 마음이 가는, 내가 좋아하는 나무라는 이유로 나의 나무가 된 곁을 지나다니며 말을 걸기도 하고 앉아 쉬기도 한다. 꽃을 피우면 예쁘다고 칭찬해주고 긴 겨울을 이겨내고 움이 터 오면 애썼다고 쓰다듬어 주곤 한다. 그런 나무들도 사시사철 나를 실망시키지 않으려고 척박한 개울가 비탈에서도 잘 커 준다. 그런 내 나무는 장태산의 수많은 메타세쿼이아 중에도 있고 숲체원 산속에 딱따구리에게 가슴을 뚫린 도토리나무도 있고, 산책길 개울가 길섶의 자색 목련 나무도 있다. 나는 나이가 들어가 여기저기 아픈 데가 많아지는데 나무들은 반대로 우람하게 자라는 것이 보상심리가 작용하는 것인지 참 보기가 좋다. 그리고 추위도 더위도 불평 없이 제자리에서 묵묵히 자라는 것을 보면서 반성도 하고 나도 다시 마음을 다잡아

보기도 한다.

어제는 모과나무 가지만 잘려 나갔지만, 오늘은 커다란 느티나무가 모가지와 팔다리가 댕강 잘린 처참한 모습으로 서 있다. 서로 살 비비며 얼굴 맞대고 엄동설한 이겨냈을 거룩함을 어찌 저리 처참한 꼴로 만드는지 하늘로 뻗는 것도 방해가 되어 저리 자르는 것인가. 가지를 다듬는 정도가 아니라 줄기까지 싹둑 잘라버린 앙상한 몸통만 서 있다. 나는 수형을 잡기 위한 나무의 전정도 반대한다. 가만두어도 숲은 저희끼리 크고, 도태시키며, 조화롭게 커나간다. 어쩌다 분재원 같은 곳을 지나쳐도 전혀 감동되지 않고 마음이 답답한 기분이 들곤 한다. 마트에서 만나는 단단한 비닐에 갇혀 자라는 호박도 그렇다. 맘대로 크지 못하는 스트레스가 얼마나 클까 하는 답답한 생각이 든다.

11층 위에서 내려다보면 하루하루 연둣빛에서 초록으로 물들어가는 색감에 감탄하며 내려다보곤 했는데, 나무가 잘리고 나서 문을 열기가 싫어 외면하고 산다. 쓰레기를 버리려 그 곁을 지나갈 때면 땅을 보며 걸어간다. 여기저기서 몸살을 앓는 나무의 통증 소리가 들리는 것만 같다. 여러 무리의 새 떼들이 푸르르 푸르르 날아다니던 보금자리가 없어졌으니 그 많은 새는 어디로 갔을까? 올해도 모과꽃들이 많이 피었었는데 다 잘려 나갔으니 모과 열매를 보지 못할 것이다. 실핏줄이 보이는 분홍의 꽃에서 둥근 푸른 열매로, 울퉁불퉁 노란 열매로 이어가는 모과를 보면서 나의 삶도 그리

했으면 하는 생각을 많이 했다. 까만 점들은 늘어가고 결국 진한 갈색으로 변해가며 몸에 수분이 다 빠질 때까지 모과는 끝까지 남은 향기를 다 뿜어내었다. 그리고 결국 모과는 딱딱한 유골로 남았다. 연분홍의 실핏줄을 품었던 꽃 한 송이는 결국 화석 덩어리처럼 굳어져 생명을 마쳤다. 그렇게 한세상 향기로 남지 못한 그 누가 모과의 못 생김을 논 할 수 있을까 모과만 같은 삶을 살고 간다면 그보다 더 아름다운 마무리는 없을 것이다. 오월의 푸르름 속에서 수난을 겪은 나의 모과나무를 보며 잔인한 계절의 통증을 같이 겪고 있다.

암시랑토 않은 이야기

고향에 사는 친구가 갑자기 유방암 검사를 해야 한다고 왔기에 유능하다고 소문난 병원에 같이 가보기로 하고 대기실에서 기다리고 있었다. 그 병원은 예약하고 가도 늘 휴게실에 환자가 수십 명이 대기하고 있곤 했는데 오늘도 예외는 아니다. 일단 검사받기 위해 온 여자들은 모두 노브라로 가운만 하나 걸치고 대기를 하는데 가끔 애정을 과시하는 남편들이 따라와서 여자들 눈총을 받으며 민망하게 앉아 있곤 한다. 오늘은 단 한 사람의 남편이 있었는데 80대의 노인이었다.

노 마나님의 유방에 무슨 큰 문제가 생겼는지 할아버지랑 환자의 여동생인 듯한 할머니, 며느리에 딸까지 다섯 식구가 총동원되어 내 옆에 둘러앉아서 이야기하니 안 들으려야 안 들을 수 없는 그들만의 걱정거리를 듣게 되었다. 1차로 내진이나 초음파상에 눈제가 있어서 조직검사를 하기까지 그분들은 하나같이 수심에 싸여 한숨을 내리 쉬고, 가끔 검사를 마치고 가족에게로 돌아온 할머니는 "살 만치 살았는데 뭐"하시면서 풀썩 주저앉았다. 할아버지는 그저 초조해서 가운 하나만 입고 기다리는 여자들 앞을 이리 갔다 저리 갔다 안절부절못하신다. 며느리와 딸이 검사실에 들어가서 함께 있는데도, 처제인 할머니에게도 들어가 보라고 거듭 채근하시면서 초조해하신다. 그런 가족들의 대화를 본의 아니게 듣게 되는 나도 괜히 보고 있는 잡지의 내용이 심드렁하고 마음이 심란하게 되었다. 잠시 후에 조직검사 결과가 나왔다고 의사가 부르자 우르르 달려 들어간 가족들은 한참 후에 나오는 표정을 보니 전부 환한 얼굴들로 바뀌어 있었다. 일전에 싸움 구경하다가 팔꿈치로 차인 곳에 타박상이란다. 듣는 나는 허탈하기까지 한 결과다. 그러나 그분들에게는 어쩌면 암 선고를 받기 직전에 놓여 난 사람들처럼 안도의 한숨을 쉬고 또 쉬었다. 곁에서 보고 있는 내 마음이 다 후련하다. 생판 모르는 남이건만, 마주 보며 기쁨을 나누고 싶어 하기에 다행이라고 한마디 해주려는데, 갑자기 그 할아버지는 큰 소리로 대기실 사람들 다 들으라는 식으로 말씀을 하신다.

"그거 봐 내가 뭐랬어? 일없다니깐,

아~ 내가 밤마다 만져 보는데 암시랑토 않더구먼.

내가 의사여 의사!!!"

하며 큰소리로 외쳤다. 대기실에 있던 여자들은 이가 다 빠진 할아버지의 그 한 마디에 박장대소를 하고, 며느리와 딸은 민망함에 어쩔 줄 몰라 하며 웃고 웃는다. 백발이 성성한 그 노인은 아내가 아파서 먼저 가고 혼자 남겨질까 몹시도 두려웠던 듯 기뻐서 체면도 잠시 잊었던 모양이다. 그렇게 그들은 한나절 지옥에서 놓여나 우르르 병원을 빠져나갔다.

내 나이 사십 대 중반쯤, 삼십 대 초반의 후배와 부부간의 애정 표현에 관해 이야기하다가 내게 불쑥 그런 질문을 했던 게 기억난다.
"언니 나이가 되어도 키스를 해요?"
하도 어이가 없어서 네가 꼭 내 나이 되면 그 질문을 네게 다시 하고 싶다고 대답해 주었던 적이 있는데 이번에는 내가 갑자기 그 노인에게 그 후배처럼 무언의 질문을 하고 싶어졌다.
'그 연세에도 밤마다 진찰을 하시나요?' 하하하.

유턴해주세요

　남편이 직장에서 건강검진을 매년 하지만 약식으로 하는 것이 마음에 걸려 싫다는 걸 우겨서 종합병원에서 검사를 받게 했다. 검사 결과가 나오는 날 보호자와 같이 오라는 전화를 받고 불길한 예감이 들었다. 평소에 늘 친절하던 의사는 그날도 나직한 말로 그러나 최대한 친절하게 위암이 발견됐다고 수술을 해야 한다고 했다. 서울의 큰 병원을 물색하고 예약하고 정신없어 놀란 마음을 진정시킬 새도 없이 지나갔다. 다행히 수술은 잘 되었다. 그러나 일주일 만에 퇴원한 뒤로 한 달, 3개월, 6개월 단위로 추적검사는 끝이 없이 길었다. 남편이 환자다 보니 내가 운전을 해야 하는데, 힘이 들고 평소에 같이 어딜 가도 운전을 맡기지 못하는 남편의 성격 탓에 우리 부부는 유성에서 동서울 가는 버스를 이용하기로 했다.
　이틀 전부터 금식해야 하는 날도 있곤 해서 주로 아침 일찍 예매

해놓고 갈 때가 많았는데, 때로는 이른 검사 시간으로 새벽 첫차를 타는 일도 있었다. 20분 간격으로 있는 버스는 아침 그 시간은 며칠 전부터 예약해 놓지 않으면 안 될 정도로, 승객이 늘 만원이었다. 처음에는 서울로 출퇴근하는 사람들이 많은 건가 생각했는데 일 년 정도 병원에 다니며 우연히 다른 사실을 알게 되었다. 우리가 버스 안에서 만난 사람들은 젊은 사람들이 아니고, 대부분 나이든 노년의 부부들이 많았다. 그들은 같은 병원 검사실이나 휴게실에서도 만났고, 함께 터미널에서 기다리는 동안 그들의 가족이나 지인들과의 통화내용을 엿들으며, 우리 부부처럼 대부분의 승객이 서울의 큰 병원에 가기 위한 사람들이라는 것을 알게 되었다.

남편이 아프면 아내는 보호자로, 환자 아내를 둔 남편은 그 보호자로, 꼭 부축하는 것은 아니지만, 나처럼 마음의 기둥에 가느다란 실오라기라도 매어주고 싶은 심정들이 되어 함께 가는 것이다. 버스의 앞뒤에 앉아 대화하는 내용을 우연히 들으면서, 화장실에서 검사 결과를 가족에게 전하는 전화 통화에서, 우리는 서로 통성명을 한 사이는 아니지만, 병명도 추측하게 되고 증상의 정도도 알게 되는 일들이 일어나기도 했다. 터미널에 내리면 서울에 사는 장성한 자식들이 병원에 동행하기 위해 나와서 기다리는 사람도, 셔틀버스를 타러 가는 사람도 모두 줄지어 병원으로 향한다. 그들은 지방 병원에서 고칠 수 있는 병을 얻는 사람도 있지만, 대부분 서울의 유명 의사를 만나서 생사의 절박함을 의지하고픈 사람들이 대부분이었기 때문에, 얼굴에는 누구도 명랑할 수가 없는 표정들이었다.

지난날 나에게 터미널은 명절 휴가 때가 대부분이었다. 그때의 터미널은 나에게 고향 집에 가는 즐거운 날이거나 여행을 가는 설레는 장소였다. 차가 많지 않던 시절 길게 늘어선 줄에 서서 기다려도 어딘가로 떠난다는 설렘에, 다리 아픈 줄도 모르고 웃고 떠들고, 혼자 가는 여행길도 마냥 행복했었다. 그러나 지금 터미널의 다른 풍경을 바라보는 나도, 남편도, 말은 안 했지만 서글픈 생각이 들었다. 좋은 결과가 나온 날은 발걸음이 가볍고 검사 끝나고 먹는 밥맛도 좋지만, 그렇지 않은 날에는 한 끼 식사조차도 하고 싶지 않은, 생존을 위한 음식에 불과한 나날을 보내는 사람들 틈에서 우리도 밥을 먹고 차를 마시며 5년이라는 시간을 보냈다. 공부해서 받을 수 있는 성적표라면 열심히 공부라도 하련만, 뜻대로 되지 않는 복병이 도사리고 있지나 않을까 노심초사하며 검사하고, 결과를 기다리는 일들이 반복될 때마다, 몸보다도 감정의 피로도가 더 높았다.

그러기를 5년, 남편이 완치라는 성적표를 받아드는 날 우리 부부는 동서울 터미널의 행렬에서 이탈하게 되었다. 남편이 수술을 받던 비슷한 시기에 우연히 남편의 친한 동료 직원도 같은 병원에서 같은 수술을 받고, 동병상련 서로 위로하면서 치료를 받고 있었는데, 어느 정도 회복이 되어 가는 과정에서 돌연 세상을 떠나시는 일이 일어났다. 다른 사람도 그렇지만 함께 투병 중이던 우리 가족은 더욱 남다른 충격을 겪기도 하였다. 환자인 남편은 후배를 떠나보내며 내색은 하지 않았지만 건강한 다른 동료보다도 더 큰 충격을 받았을 것이다. 그분이 떠나시고 다시 가는 병원에서 유난히 초조하고 불안한 시간 들을 보내기도 했었다. 남편의 동료분이 황망히 떠나시고 난 뒤 다시 가는 동서울행 버스에서, 문득 삶의 경로를 생각하게 되었다.

정년을 일 년 남겨둔 남편은 잠시 직장이 아닌 병원으로 경로를 이탈하여 힘든 투병 생활을 하고 있다. 어느 날엔가는 다시 제자리로 돌아갈 날을 기다리고 있지만, 영원히 돌아올 수 없는 경로 이탈을 하는 사람들은 또 얼마나 많을까. 동서울로 가는 버스에는 누구는 제 자리로 돌아오고, 누구는 그 행렬에서 영원히 경로를 이탈하는 사람들이 오늘도 희망을 버리지 않고 새벽 버스에 몸을 싣는다. 네비게이션을 켜고 운전하다 다른 길로 들어서면, 친절하게 경로를 이탈했음을 알려 주고 어디쯤에서 유턴을 하든지 우회하는 도로가 있음을 알려 준다. 그 제 자리를 찾아가는 길이 조금 더디더라도 지금 아픈 많은 환자가 다시 제 경로를 찾았을 때는 꼭 꽃길이길 기원해본다.

지금도 이른 새벽 동서울 터미널행 버스를 보면 그 안의 승객 중에 또 얼마나 많은 사람이 오늘도 병원 행렬에 몸을 실었을까가 먼저 생각난다. 아픈 사람들이 모두 제자리로 돌아가길 기원하며 버스에 부적처럼 커다란 밴드를 붙여주고 싶다. 그들이 모두 행복 터미널행으로 갈아타게 되길 빌어 본다. 모두 모두 함께 건강했던 삶으로 꼭 유턴해주세요. 라고.

어느 가을날

　내가 버스 정류장으로 다가갔을 때 그 아가씨는 정류장 유리 벽에 기대어 전화 통화를 하고 있었다. 정류장 의자에는 이미 한 아주머니가 앉아있었고 나도 나란히 앉았다. 그 아가씨는 유리 벽을 기대어 바깥쪽을 향해 통화를 하고 있었지만 가까운 거리라 본의 아니게 그 내용을 다 들을 수밖에 없었다. 그냥 통화를 하는 것이 아니고 아가씨가 너무나 슬프게 울며 통화를 하고 있었기 때문에 놀라서 더 귀를 기울이게 되었다.
　20대로 보이는 아가씨는 엄마랑 통화를 하는듯해 보였는데 가족 중 누군가가 지금 임종을 앞둔 상황인 듯했다. 조퇴하고 나왔다고 하는 아가씨한테 엄마는 빨리 택시를 타고 오라고 재촉을 했지만, 택시는 오지 않고 그 아가씨는 발을 동동 구르며 버스를 기다리는 중이었다. 엄마와 통화가 끝나고 이번에는 언니인 듯한 사람으로부터 또 다급한 전화가 왔다. 아가씨는 이번에는 더 크게 흐느끼며 발을 동동 굴렀다. 그 아가씨의 통화를 엿들으며 나도, 안타까움에 자꾸 눈물이 고여 왔다. 다시 집으로 가서 차를 가져다가 태워다 주고 싶은 마음도 들었다. 그러는 사이 버스가 왔다. 나와 그 아가씨는 같은 버스를 탔다. 얼마나 마음이 간절한지 자리에 앉지도 못하고 내리는 문에 서서 계속 울고 있던 아가씨에게 두어 정거장을 갔을 때 다시 전화가 걸려오고 이번에는 운명하셨다는 소식인지 아가씨는 문 앞 의자에 털썩 주저앉아 더 큰 소리로 울기 시작했다.

버스를 타기 전부터 그 과정을 지켜보았던 내 눈에도 자꾸만 눈물이 고여 오고 안타깝기 그지없는 상황이었다. 다가가서 어깨라도 안아주어야 할까 망설이는 사이 아가씨가 버스에서 내려서 차도를 가로질러 마구 뛰어가는 모습이 멀리 보였다. 아가씨가 멀어져 가고 버스는 다른 풍경을 뒤로 밀어내었지만 모르는 사람인데도 자꾸만 가슴이 메이며 눈시울이 뜨거워 창밖만 바라보며 앉아 있었다.

결혼하고 친정 조부모님과 어머니, 그리고 시댁 조부모님과 시부모님을 차례로 보내드리면서 멀리 떨어져 산 이유로 나는 한 번도 임종을 지킬 기회가 없었다. 예기치 못한 비보를 접하고 먼 거리를 울면서 달려가던 날의 내 모습이 다시 떠올랐다. 그런 내가 어쩌다 남의 임종을 지켜드리는 일이 있었다. 성당에서 반장 일을 맡아 봉사를 하던 시절, 우리 반에 노부부 교우가 있었다. 할머니께서 뇌졸중으로 거동이 불편하셨는데 할아버지께서 하루도 빠짐없이 운동을 시키셔서 어느 정도 회복이 되었을 무렵 야속하게도 할아버지께서 위암 말기 판정을 받게 되었다. 자식들이 먼 곳에 있어서 이웃에 살며 성당 반장이라는 이유로 그 노부부는 나에게 여러 가지를 상의하곤 하셔서 본의 아니게 그분들의 생활을 알고 지냈다. 할아버지께서 살림을 다 맡아 하셨기 때문에 김치랑 반찬 등을 가져다드리며 동사무소에 연결해서 도움을 받게 해드리기도 하면서 할아버지 댁을 자주 방문하게 되었다. 여생이 두어 달밖에 남지 않았다는 이야기를 담담하게 하시던 할아버지께서 중풍으로 불편하신 할머니를 더욱 열심히 운동시키신 이유를 알게 되었다.

　병원에서 예측한 딱 2개월을 더 사시고 할아버지는 수술도 못 해 보시고 세상을 떠나셨다. 운명을 하시던 날, 내가 제일 먼저 할아버지 댁에 도착하게 되었다. 할머니는 우시느라 어찌할 줄 모르고, 내 손을 잡으신 할아버지는 마지막까지 나를 알아보시며 작은 소리로 고맙다고 말씀하시고 이내 조용히 숨을 거두셨다. 처음 겪는 일이라 두렵기는 했지만 참 편안하게 눈을 감으시는 어르신 모습에 한편 용기를 내어 할머니를 위로하며 손을 잡아드렸다. 나이 드신 신자 분들의 도움으로 그분들의 자녀들이 도착할 때까지 기도와 찬송으로 그 댁에서 조용히 임종을 지켜드리며 명복을 빌어드렸다.

한 사람의 임종은 오랫동안 내 뇌리에서 떠나지 않았지만 평온하고 담담한 이별로 가끔 그분을 떠올릴 때마다 기도 중에 명복을 빌어드리곤 하였다. 그리고 그 후 몇 년 후, 내가 사랑하는 친정어머니는 정작 아무도 없는 시간에 혼자서 심장마비로 세상을 떠나셨다. 점심나절 언니와 맛있는 것 외식한다고 가까이 살지 못해서 아쉽다고 전화 통화를 했던 엄마가 그로부터 불과 서너 시간 후에 비보로 전해졌을 때 도저히 믿어지지 않아 묻고 또 묻다가 쓰러지던 날, 혼자서 쓸쓸히 외롭게 떠나신 그 순간이 더 애달파서 목 놓아 울고 울었다.

누구나 이 세상을 떠나는 날은 온다. 그 순간이 어떤 모습으로 올지 아무도 모르는 일이지만 가끔 생각해 보는 나이가 되었다. 어떤 모습으로 떠나든지 남은 사람에게는 큰 상실의 아픔을 주는 죽음은 오늘처럼 모르는 사람도 눈물 나게 하는 슬픈 일이다. 오늘 버스에서 만난 그 아가씨에게서 떠나신 분이 누구인지 알 수 없지만, 그토록 슬프게 울면서 뛰어가던 그 뒷모습을 보면서 마음속으로 명복을 빌어드린다. 용기 내어 그 아가씨 어깨를 감싸주며 위로해주지 못한 것이 종일 마음에 남아 아프게 만들었다. 그러면서 아빠는 아니었으면, 좀 더 사신 조부모님이나 친척분이었으면 하는 부질없는 생각을 해 보았다.

미처 물들지 못하고 떨어지는 낙엽이 스산한 거리에 뒹굴어 다닌다. 다시 올 계절 하나 보내는 일도 버거운데 영영 만날 수 없는 사랑하는 사람을 보내는 일은 참 슬프고 힘든 일이다. 이런저런 감상에 젖어 걷는 하루가 쓸쓸하기만 하다.

아듀 4249

좁은 고향 터미널 앞 도로는 늘 택시 기사들이 늘어서서 도로의 한쪽을 점령하고 있다. 차를 잠깐만이라도 주차하려 하면 삿대질을 하며 소리를 질러댄다. 자기들이 이 도로의 주인이라도 되느냐고 싸우고 싶다가도 먹고 사는 일이 걸린 사람들이다 보니 그러려니 하고 돌아 나오곤 했다.

그날은 서울 가는 언니의 짐이 많기도 해서 조금 가까운 곳에 주차하고 짐을 내리려는데 여지없이 달려와서 빨리 차를 빼라고 삿대질이다. 짐이라도 내리고 뺀다는 나에게 눈을 부라리며 빨리 차를 빼라고 성화다. 늘어선 택시 틈에 일반 차량이 끼면 안 되는 일이라도 있냐고 하니까 무슨 외계인 바라보듯 경우 없는 아줌마 취급을 하며 안 된다고 난리다. 짐만 내리고 잠시 차를 저만치 늘어선 택시 맨 앞으로 빼며 드는 생각이 비싼 외제차를 운전하고 왔으면 저랬을까, 내가 예쁘고 젊은 아가씨였으면 저 남자들이 저리 퉁명할까 하는 아줌마 자격지심 같은 게 슬며시 들어서 쓴웃음이 났다.

그렇게 서울 가는 언니를 배웅하고 나서 성화를 부리던 택시 기사들이 옹기종기 모여 있는 틈을 지나 내 차에 올라서 시동을 거는데 걸리질 않는다. 한 번, 두 번, 세 번, 아무리 해도 안 되어 할 수 없이 보험회사에 도움을 청하고 기다렸다. 잠시 후 요란한 소리와 함께 서비스 차량이 왔다. 갑자기 서비스 차량이 앵앵거리며 내 차 곁으로 다가오니 삼삼오오 서서 이야길 나누던 조금 전 택시 기사들이 슬금슬금 내 차 주위로 무슨 일인가 하고 다가왔다 좁은 읍내에 기사들이라 서비스 기사랑 택시 기사와는 잘 아는 사이인 듯, 고객이 부르면 빨리빨리 총알처럼 튀어오지, 행동이 그게 뭐냐며 농담들을 해 댔다. 아까 주차 때문에 말씨름을 했던 터라 한껏 마음이 상해 있는데 그들 앞에서 시동마저 안 걸려 서비스를 부르니 기분이 영 엉망이다. 이런 똥차를 가지고 택시 앞을 가로막았느냐고 비웃는 것 같아서 더욱 자존심이 상했다. 그들은 심심하던 차에 내 차를 죽 에워싸고 기사가 보닛을 열고 들여다보는 곁에서 자기들끼리 시동이 걸리지 않는 원인을 분석하며 진단을 하느라 입씨름들이다. 그 가운데서 여자 혼자인 나는 더욱 할 말이 없어서 쭈뼛거리며 서 있으려니 영 창피한 게 아니다. 이리저리 둘러보던 기사는 시동을 걸어주면서 차를 참 오래 탔다고 하며 집에 갈 때까지 시동을 끄지 말라고 당부한다. 알았다고 대답하고 창피해서 얼른 운전석에 오르려는 순간, 택시 기사 중 누군가가 내 이름을 부르며 혹시 아니냐고 얼굴을 들이민다. 자세히 보니 동창생이다. 오십여 년이 넘어서 처음 만나는 동창생을 하필 거기서 그렇게 만날 건 뭐고 왜 그 남자 동창은 나를 알아보았는지도 원망스러워 내 이놈의 차를 집에 가는 즉시로 폐차를 시켜 버리겠다고 투덜거리며 집으로 왔다. 정말 자존심 상하고 뭐 팔린다는 말은 이럴 때를 위해서 생겼나 하는 생각도 들었다.

  사실 오래전부터 녀석은 이런저런 증상으로 나를 돌아봐 달라고 신호를 보냈었다. 그러나, 그때마다 임시방편으로 정비 기사에게 떠넘기고 모른 채 타고 다니길 15년이다. 한번 물건을 사면 쉽게 버리지 못하는 성격에 차도 한번 사면 그저 수명 다할 때까지 타고 다니면서도, 기계치인 주인은 낡고 닳아서 헐떡이는 녀석과 소통이 없었다. 내 몸은 아프면 병원에 가고 약 먹고 하면서, 돈 들이기 아까워 나의 발이 되어 준 녀석의 비명은 듣지 못했나 보다. 그날 이후로 녀석은 수시로 발걸음을 멈췄다. 할 수 없이 폐차시키기로 했다. 차 안에 있던 물건들을 하나하나 꺼내면서 피붙이 하나 떠나 보내듯 서운한 마음이 들었다. 하필, 뒤돌아서 큰 눈으로, 우리 부부를 바라보며 거꾸로 매달려 끌려가는 모습을 보니, 왜 그리 마음이 애잔하고 미안한지 다시 가서 잡고 싶은 마음마저 들었다.

  시아버님이 돌아가시며 선물로 우리에게 온 첫 차, 15년 동안 참 많은 일이 그 바퀴 위에서 지나갔다. 초보 운전으로 한계령을 넘던 날의 위험천만했던 우리를 지켜 주었던 든든한 네 바퀴, 한밤의 친정어머니 부고로 달려가던 슬픔의 바퀴, 아들의 대학 시험 날의 희망 바퀴. 우리 가족의 든든한 다리가 되어 주었던 녀석의 노고를 잊고 택시 기사들 앞에서의 창피만 생각했던 주인은 떠나는 녀석의 등 뒤에서 부끄러워졌다. 여행 좋아하는 주인 만나 슬프나 즐거우나 달려가던 네 바퀴 위로 수많은 나날을 함께 했다. 나의 위로가 되어 주고 안전한 출퇴근길이 되어 준 녀석은 이제 폐차장에 가서 또다시 장기 기증을 하게 될 것이라고 내게 마지막 노잣돈을 거꾸로 주고 갔다.

떠들썩 웃으며 고삐를 당기면 달려가고, 사는 게 쓸쓸한 날 눈물바람에 시동을 걸어도 언제나 묵묵히 나에게 위로가 되어 주었던 나의 애마, 그대가 있으므로 지난 시간이 안전했다는 감사를 떠나는 뒷모습에 보내며, 언제나 기억하리라고 손때 묻은 열쇠를 고이 서랍에 넣어 두었다. 시동을 걸면 부르릉 엔진에 영혼을 불어넣듯이 내 삶에 희망을 불어넣어 주었던 우리의 애마 4249여 이젠 영원히 아듀~~!

경매시장의 순애보

　신문을 읽다가 흥미로운 기사를 보았다 조각에 문외한인 내가 권진규라는 조각가가 누구인지 어떤 사람인지 모르는데 그의 작품을 경매한다는 기사였다. 그리고 작품과 함께 사랑하는 사람에게 보낸 연서도 공개되었는데 비운의 천재 조각가라고 소개하는 것으로 시작된 기사 내용이 흥미로웠다. 73년에 자살할 당시 50세의 작가는 수도사대 교수였고 한 제자를 사랑했다고 한다. 그는 이혼한 상태였고 제자는 그 학교 학생이었다니 신분의 차이나 나이 차이로 이루어지기 힘든 사랑이었다는 것이 짐작이 간다. 그가 보낸 연서 일부분만 보아도 얼마나 절실했고 아득한 상황이었는지 잘 나타나 있다. 그는 생전에 그 사랑하는 여인에게 본인 자소상을 포함 5점의 유작을 남기고 자살을 했는데 당시 그의 죽음은 짐작하기 어려운 미스터리였다고 한다. 그런 사건 35년 후 지금 와서 그 사랑했던 그 여인이 그에게서 받은 유작들을 경매에 내놓으면서 죽음을 예견한 연서까지 공개해 화제가 되고 있다 하니 더욱 궁금하다. 5점을 묶어 2~3억을 추정한다고 한다. 자기의 얼굴을 그대로 담은 자소상을 사랑하는 여인에게 준 작가의 마음은 어떤 것이었을까? 그 하나의 작품에 그는 자신의 사랑뿐 아니라 삶의 의미나 열정, 고뇌까지도 담아주고 싶었을 것이다. 자신이 사랑하는 한 여인을 생각하면서 여인상을 만들었을 것이고 더없이 많은 것들을 기억해주길 바랐을 것이다. 그로부터 30여 년이 지난 후에 경매에 부쳐진 자신의 사랑과 작품에 대해 작가는 오늘 어떤 생각을 할까. 더구나 죽는 사람이 죽는 이유를 밝혀서 무엇 하리오만, 먼 훗날에 자신이 그토록 사랑했던 여인이 자신의 연서까지 공개하면서 순애보를 상품화하는 것은 어떤 마음으로 바라보고 있을까?

 그 기사가 내 마음을 씁쓸하게 한 것은 한 인간의 순애보가 경매 부쳐지는 듯해서다. 자신을 향한 절절한 연서까지 공개한 그 여인의 진심은 무엇이었을까 궁금했다. 그 여인의 기사를 본 작가의 가족은 어떤 마음이 들었을까? 그 오랫동안 그 여인은 어떻게 살아왔는지는 알 수 없지만, 목숨까지 버린 정인의 연서를 이제는 품고 살기가 버거웠을까? 아니면 기증이라는 다른 형식으로 자신을 향한 사랑과 죽은 이의 예술혼을 더 승화시킬 방법이 있을 터인데 굳이 돈을 받고 파는 형식을 택했을까? 어떤 면으로 이쯤에서 유작을 발표하는 것이 작품의 진정한 가치나 평가를 받을 수 있을 때라고 생각했을까? 그 여인의 상황을 알 수 없기에 비난할 수는 없겠지만 그 오래전에 떠난 작가는 오늘 자신의 신문 기사를 보고 무슨 생각을 하고 있을까? 자신의 순정이 경매당한 기분은 아닐까? 그마저도 사랑하는 눈으로 내려다보고 있을까 궁금해진다. 작품의 가치나 사후의 예술적 가치를 떠나서, 문외한인 내 눈에 그저 단순히 한 작가의 삶이 경매시장에 나와 옷을 벗고 있다는 생각이 들었다.

의미를 부여한다는 것

우연히 유튜브에서 한 여인의 삶을 오랫동안 들여다보게 되었다. 지리산 기슭에서 시골집을 개조하여 민박집을 운영하며 홀로 사는 여인이었는데 집이 예뻐서 들여다보다가 실패의 짐을 지고 산속으로 들어왔다는 그 사연이 궁금해서 계속 보게 되었다. 그 여인은 신춘문예에 소설을 응모하길 30년 동안 했었다고 한다. 20대에 시작한 응모는 결혼하고도 계속되었고 이민을 갔던 미국에서 이혼하고 홀로 돌아와서 힘든 노동으로 생활을 이어 가면서도 계속했지만, 소원을 이루지 못하고 포기했다고 한다. 포기하게 된 이유는 뜻밖에도 노안이 오면서 이제는 글을 쓸 수도 읽을 수도 없게 되었고 그제야 자신이 재능이 없다는 것을 깨달았다고 한다. 그러면서 자신이 인생의 실패자라는 생각을 가지게 되었지만, 여행을 통해서 자신을 다시 찾고 지리산에 정착해서 민박집을 하고 있다고 했다. 지금은 글 대신 그림을 그리고 있었는데 그림이 주는 색감이 참 독특했다. 이제야 글을 쓰는 일이 자신의 재능이 아니었다는 것을 깨닫고 이것저것 하고 싶은 일들을 찾아서 해 보고 있다는 모습이 오히려 활기차 보였다.

거리를 지나가다 창밖을 보면 무슨 무슨 백일장이라는 현수막들이 가끔 보인다. 5, 6월이면 유난히 많이 보이는 백일장이란 단어를 볼 때마다 난 늘 어딘지 모를 긴장감이 먼저 들곤 한다. 오랫동안 내 것이었던, 그러나 이제는 내 것이 아니지만 잃어버린 물건에 대한 미련 같은, 더는 오지 않을 아쉬운 마음에 오래 눈길이 가곤 한다. 읽고 쓰는 일을 좋아했던 내게 백일장은 늘 학교를 빛낼 나의 임무였다. 5월이면 부모님이나 스승의 은혜가 주제가 되고 6월이면 호국영령들에 대한 보은이 주제가 되고, 한글날이나 개천절 등 기념일에 맞는 주제는 해마다 어김없이 똑같은 레퍼토리로 식상하고 재미도 없는 글들을 강요했던 기억이 난다. 그렇게 나는 청소년 시절 참 많은 백일장을 섭렵하게 되고 크고 작은 상을 받으며 소위 말하는 문학소녀가 되었다. 독후감 경시대회 같은 것도 있었는데 지금도 그때 함께 했던 동기들을 만나면 따로 수다를 떨 정도로 즐거운 추억으로 자리매김하고 있다.

직장과 결혼으로 바쁘게 살면서 자연스레 잊혀 갔던 백일장을 다시 만난 것은 아주 우연한 날이었다. 유치원생 아들아이의 사생대회를 위해 데리고 간 공원에서 일반인 백일장이 함께 열리고 있었다. 오랫동안 잊고 있었던 백일장이라는 친근한 행사에 갑자기 가슴이 뛰었다. 예정에 없었지만, 아이가 그림을 그릴 동안 현장 접수를 하고 돗자리에 앉아 오랜만에 옛 감성으로 원고지를 받아들었다. 그날의 제목이 〈6월〉이었다. 학창 시절 참 많이 나왔던 주제 6월, 막연히 한 사람의 삶에 계절을 붙인다면 서른여섯 그때쯤의 내가 건너는 시간이 6월일 거라는 생각을 담담히 적어 본 것이 심사위원의 눈에 들었던지 그저 가볍게 그림 그리는 아이 옆에서 오랜만에 설레어본 시간이 뜻밖에 큰상을 안겨주었다. 그날 심사를 하셨던 원로 작가는 내게 기대하는 것이 참 크다시며 당장 문하생으로 들어와 다시 공부하길 권유하셨다. 나 자신의 삶보다는 남편이나 아이를 위한 시간을 살던 내게 그날의 일탈이 오랜만에 묵은 감성을 일깨워 주었다. 정말 내가 하고 싶었던 일이 무엇이었는지를 깨닫게 해준 계기가 되었다.

　독자를 염두에 두고 글을 쓴다는 일은 표현에 자유로울 수가 없다. 더구나 심사를 받는 일이란 더더욱 그렇다. 돌아보면 누군가에게 내놓지 않는 글일 뿐 그 어느 시절도 글을 쓰지 않은 적은 없었던 듯하다. 많이 읽을수록 쓰고 싶어지는 글쓰기란 삶에 가장 큰 위로이자 안식처가 되었다는 것은 부인할 수 없는 습관처럼 되었다. 글을 쓰는 시간은 가장 나다운 시간이며 자신의 내면을 깊게 들여다볼 수 있다. 누군가에게 내 마음을 전할 때도 말보다 더 먼저 글로 표현하는 것이 편했고 진심을 전할 수 있는 것은 언제나 글이 우선이었다.

 유튜브 속의 그 여인이, 도전하고 싶었던 큰 관문은 비록 통과하지 못했지만, 평생 글을 쓰면서 보냈던 그 시간만큼은 헛되지 않은 행복한 시간이었음을 난 이해할 수 있을 것 같다. 비록 도전을 중단했지만 나를 만나는 시간에 펜을 놓지 못하는 한, 그분은 영원한 작가라는 말을 해주고 싶었다. 오래된 흙담집 지붕 위로 늙은 감나무가 몇 개의 감을 매달고 있는 그녀의 지리산 민박집에 찾아가 묵어보고 싶었다. 이젠 내 인생의 여정도 6월에서 더운 여름을 지나, 그 감나무처럼 잎 떨어뜨린 계절이 되었지만, 그녀를 만나면 같이 문학소녀로 돌아갈 것 같은 감성에 젖어 들었다. 다 가지고 다 이루어 만족하는 삶을 산 사람이 얼마나 되랴. 그저 언제나 하고픈 일이 있음에 만족하며 사는 것이 진정 행복한 여정이리라. 그것이 완성되지 못한다는 것조차 받아들이는 것이 가을을 지나는 나이의 깨달음이 아닐까 애써 의미를 부여해 본다.

부겐베리아

그 사람은 항상 웃었다. 누가 뭐라 해도 얼굴 한 번 찡그리는 법이 없었다. 속상해도 남이 보는 앞에서는 웃고 심각한 이야기를 해도, 질문을 해도, 언제나 자신의 심중을 드러내는 일이 없었다. 다만 웃었다. 내가 너무 많은 말을 하게 되는 저녁, 스스로 공허한 마음이 들어 속을 떠봐도 그저 웃을 뿐 자신의 이야기도 내 하소연에 위로도 할 줄 몰랐다. 그냥 웃었다. 그의 미소는 소리도 없었다. 아무리 재미있는 이야기를 해도 그냥 소리 없이 웃었다. 내가 보기에 딱 할 정도로 그가 힘들어 보여 내가 먼저 위로해도 그는 남의 일인 양 웃었다. 제 일이지만 언제나 의견이 없이 웃었다. 성질 급한 사람이 양자택일하라고 해도 그는 그냥 웃기만 했다. 웃어주는 일만이 삶이 목적인 듯, 종교인 듯, 혼자 있을 때 빼고는 누구에게나 웃어주는 사람이 세상에 있다는 것이 신기했다. 심각한 뉴스를 보면서도 분개할 줄 모르고 슬픈 영화를 보면서도 동요 없이 긍정적인 시선으로만 바라보는 힘이 그를 웃게 만드는 비결처럼 비판의 시선이란 아예 없이 웃고 산다.

이십여 년 전 한 해의 마지막 날 호주 여행을 갔다. 두꺼운 코트를 공항 물건 보관함에 넣어두고 여름옷을 입고 도착한 시드니는 섭씨 40도의 더위였다. 우리나라 같으면 더워서 숨이 막힐 테지만 습하지 않고 공기가 맑아 하늘이 더없이 예쁜 시드니의 더위는 불쾌하지는 않았다. 시드니에서 며칠 후 우리는 국내선을 타고 태즈메니아라는 섬으로 갔다. 두 시간여 만에 내린 호밧이라는 도시에는 강풍과 함께 폭우가 내리고 있었다.

작은 비행기가 빗속에서 어렵게 착륙을 시도하는 동안 사람들은 공포와 불안으로 비명을 질렀다. 그러나 다행히 안전하게 착륙했을 때 사람들은 일제히 일어나서 기장을 향해 박수를 보냈다. 패키지상품이 없는 곳이어서 우리 일행은 예약한 차를 가지고 비바람 속에서 숙소를 힘들게 찾아갔다. 그 숙소에는 내가 처음 보는 수십 미터의 아주 큰 핑크색의 이국적인 나무가 있었는데 비바람에 정신없이 나부끼는 모습이 꼭 산발한 여인의 머리채처럼 신산스러웠다.

이튿날 아침, 비가 그치고 나간 그곳에서 그것이 부겐베리아 나무인 것을 알았다. 우리나라에서는 작은 화분에 심어진 것만 보았고 생긴 모습이 꼭 조화 같아서 내가 별로 좋아하지 않았는데 기온이 다른 지역에서는 수십 미터로 자라 빽빽이 만개한 것이 꼭 분홍빛 나무처럼 보였다. 잎은 작고 별로 없어 잘 보이지도 않는 것이 꽃들은 대롱대롱 무겁게 달고 늘어져 마치 노란 손수건 영화에 나오는 나무처럼 온통 핑크색이었다. 사실 우리가 꽃이라고 부르는 부겐베리아의 분홍색은 포엽으로 입이 변질되어 꽃봉오리를 싸서 보호하는 잎이다. 그 안에 자세히 들여다보면 아주 작은 연노랑의 별 같은 꽃이 숨어 있다. 그것은 자세히 보아야 보이지 먼 곳에서 보면 그저 분홍색이 꽃처럼 보인다. 특별한 향이 없고 마치 색종이를 오려 붙여 놓은, 화려해 보이지만 건조한 종이 같다.

그 후 난 부겐베리아를 보면 그가 생각난다. 감정도 기분도 내보이지 않고 그저 웃기만 하는 그가 종이 인형 같듯이 종이꽃 같은 부겐베리아를 닮았다고 느꼈다. 비바람에 한없이 나부끼면서도 깔깔거리던…. 감추고 있는 작은 꽃은 잘 보이지 않았으므로 큰 입을 벌리고 웃는 종이꽃 같은 부겐빌레아의 포엽이 꽃 행세를 하듯 공허하게 보였다. 늘 변함이 없다는 것은 좋은 것일까? 한결같은 것은 다 좋은 것인가. 감정이 없는, 공감대를 이루지 못하는 웃음이 어느 날 나는 무서워지기 시작했다. 힘들다고 엄살을 부리는 내게 한결같은 그의 웃음이 공허했다.

그러던 어느 날 꽃다발을 들고 함빡 웃고 있는 나를 그가 진흙탕으로 밀었다. 발이 빠져 넘어진 내가 놀라 돌아보는 곳에서 그는 여전히 감정 없는 특유의 미소를 지으며 웃고 있었다. 진짜 꽃을 숨기고 세찬 바람에 나부끼면서도 깔깔거리며 웃던 부겐베리아처럼.

그리고 난 다시, 단지 내가 좋아하지 않는다는 이유로 화려한 꽃 하나를 모함하는 죄를 저지른다. 어리석게도 우리는 상처를 주고 기도를 해주는 모순 속에서 산다.

섬

자주 이사하며 부동산에 투자해야 재산이 증식된다는데 새로운 환경을 두려워하기도 하고 익숙한 것에 대한 편안함 때문에 한 번 정착하면 특별한 일이 없는 한, 우리 가족은 이사하지 않았다. 바뀌는 것은 위층 아래층, 이웃들이 바뀔 뿐이다. 오랫동안 위층과 아래층 모두 나와 비슷한 세대가 살고 있어서 늘 조용하게 지냈는데 비슷한 시기에 위아래가 젊은 부부들로 바뀌면서 초등학교 일학년과 이학년 남매를 이고 살게 되었다. 태권도를 다니는 남매는 오빠보다도 여동생이 더 개구쟁이처럼 씩씩해서 엘리베이터에서도 장난치는 모습을 보면 오빠를 이길 정도다. 가끔 내가 먼저 아는 척을 하면 저희가 많이 뛰어서 죄송하다며 먼저 인사를 하니 미워할 수 없는 귀여운 악동들이다. 어쩌다 참기 어려운 날은 스스로 지금 위층에 신나게 뛰는 아이들이 나의 손자들이라고 생각하며 마인드컨트롤을 하기도 한다. 코로나 때문에 온라인 수업이 많아지면서 학교에 가지 않으니 아이들은 더욱 시도 때도 없이 신나는 날들이 쉼 없이 콩콩콩 울려 퍼진다. 그렇게 위층의 악동을 모시고 사는 와중에 아래층의 비슷한 또래의 젊은 부부는 또 다른 스트레스를 주었다. 주기적으로 부부싸움을 어찌나 심하게 하는지 집을 다 때려 부수는 듯하다. 남자의 고함과 함께 아이들의 울음소리가 심야에 마음을 참 심란하게 하는 일들이 잦았다. 그것은 뛰는 아이들보다 더더욱 참기 힘들어 가끔 이사를 생각해 볼 정도다.

  그러던 어느 날 관리실 직원이 와서 아래층 천장에 물이 샌다는 것이다. 놀라서 내려가 보니 손바닥만큼 천장이 젖어 있었다. 원인이 금세 밝혀져서 사태가 커지지는 않았는데 아래층 젊은 부부는 천장 모두 도배를 해야 한다고 백만 원에 가까운 견적서를 뽑아왔다. 도배한 지 칠 년이나 되었다는 벽은 아이들 낙서투성이로 어지러웠지만, 그들은 이미 물이 말라서 눈을 씻고 봐야 겨우 알 수 있는 천장의 손바닥만 한 흔적에 관용이란 없었다. 뜯어보고 그 안에 석고보드에 곰팡이라도 생겼으면 대공사를 하겠노라고 엄포를 놓았다. 내가 좀 난감한 표정을 짓자 귀책 사유가 위층에 있는 만큼 해 달라는 것은 다 해주어야 한다는 논리에 관리실 직원이 중재에 나섰지만 아랑곳없이 결국 그 젊은이들의 요구를 다 들어주었다. 다행히 그 부분에 해당하는 보험을 들어 놓은 것이 있어서 큰 부담은 없었지만, 마음이 씁쓸한 것이 영 개운치가 않았다. 코로나 때문에 이리저리 제약이 많은 날을 보내고 있는데 위층 아래층 스트레스를 주니 갑자기 잘 살던 집이 싫어지고, 귀책 사유 들먹이며 조목조목 따지고 들던 젊은 부부를 상대하면서 서글픈 생각이 며칠 동안 가시질 않았다. 남편은 뉘 집 자식인지 참 똑똑하게 키웠다며 어디다 내놔도 내 몫은 절대 빼앗기지 않겠다고 칭찬을 했지만, 나는 내 아이가 덜 똑똑해도 현명한 사람이길 바란다고 웃으며 서로를 위로하고 말았다. 어찌 됐든 미안하다며 머리 조아리고 선물까지 들고 내려갔지만, 그 부부들은 그 후로도 그 전과 마찬가지로 엘리베이터에서 마주쳐도 인사도 없는 그저 이웃이 아닌 아래층 사람들이 되었다. 요즘 젊은이들은 어른이 먼저 인사하고 아는 체하면서 관계를 맺으려 하는 것을 꼰대 취급한다는 기사를 읽은 기억이 나서 나도 먼저 인사를 하지도 않게 되었다.

그런 일련의 일들을 위아래로 겪으며 그사이에 샌드위치 같이 끼어 사는 나 자신을 생각하며 정현종 시인의 〈섬〉이라는 시가 생각났다.

"사람들 사이에 섬이 있다.
그 섬에 가고 싶다."

시인이 말하는 섬은 어떤 의미일지에 대해 수업 시간에 토론하던 그때는 나이가 어려서 그저 피상적인 이상향으로만 생각했는데 이제 와 생각해보니 시인도 나처럼 풍랑의 바다가 힘겨워서 섬이라는 합일점에 도달하고 싶었던 것은 아닐까. 상대방을 아무리 잘 안다고 해도 누구에게나 내가 너일 수 없고, 네가 나일 수 없다. 결국 인정할 것은 섬에 도달하기 위해서는 격정의 풍랑을 겪어야만 가능한 것이라면, 인간관계는 늘 수면에 얼굴만 내놓고 발을 한없이 구르는 오리처럼 바동거리며 섬을 찾아 발을 저어야 하는 인내와 노력이 필요한 것인가. 그러나 노력해도 닿을 수 없는 섬들은 사람과 사람, 인연과 인연 사이에서 부유하며 또 얼마나 많은 인내를 요구하는지 ……. 무슨 무슨 모임이라는 이름을 지어 사람들은 모임을 만들고 그 일원이 된다. 그들이 추구하는 목적이나 취지에 부합하는 공통적인 분모가 하나쯤은 있게 마련이지만 대다수 사람은 외롭지 않기 위해 관계를 만들어 가는 사회적 장치를 마련해 두려는 것은 아닌지. 거리상으로 나의 가장 이웃인 아래위층 사람들도 문 하나 닫고 들어가면 차단되는 불통의 건물에 사는 일이 관계를 맺고 싶지 않은 현대인에게는 이상의 공간이 된다. 그러나 문제가 생기면 소통이 아닌 날을 세우는 관계 또한 우리의 민낯인가.

도배를 새로 하느라 번거롭게 만든 죄로 머리 조아리며 사과하고 을의 자세로 일을 처리하느라 마음이 버겁던 어느 날 저녁, 위층에서 커다란 떡 보따리가 왔다. 아이들이 등교하지 않아 밤낮으로 뛰어서 죄송하다면서 위층 아이 엄마는 머릴 조아리고, 따라온 아이들도 뛸 때와는 다르게 깍듯이 인사를 하고 돌아갔다. 식탁에 떡 접시를 놓고 앉아 우리 부부는 한바탕 웃었다. 이놈의 아파트라는 것은 구조상 위층은 영원한 을이고 아래층은 갑인가! 아파트 현관문을 닫으며 마음의 문도 함께 닫아버리는 사람들의 집단이 층층이 쌓인, 한 무더기 시멘트 덩어리에 불과하다는 생각이 들 정도로 닫혔던 마음이 슬며시 열리는 기분이 들었다. 나도 아들을 아파트에서 키워냈기 때문에 이해를 하고 있다고 하면서도 그것을 알아주고, 감사한 마음이 전달됐을 때에야 비로소 나의 인내가 인정받는다는 보상심리가 나에게도 있었던 것은 아닐지…….

정현종 시인이 시에서 말하고자 하는 사람과 사람 사이의 섬이란 것이 결국은 소통의 합일점 내지는 관계를 뜻하는 것일 것이다. 그 섬이라는 것이 우리를 심연의 바다에서 올라서서 발을 딛고 숨을 쉬게 만들고, 몸뿐 아니라 마음도 충전하게 하는 하나의 위안처일 것으로 생각하니 작은 섬 하나 딛고 선 기분이 이런 것일까. 수많은 관계와 관계 속에서 우리는 늘 섬을 찾아 유영하는 바다에 산다. 보이지 않을 것 같은 섬은 그러나 아이러니하게도 내 안에 있었다. 작은 콩떡의 섬에 발을 딛고 오늘은 마음이 쉰다.

막차를 놓친 남자

 어젯밤 늦은 시간에 바람이 좋아서 아파트 앞을 산책하고 있는데 갑자기 저 앞에서 어떤 남자가 전속력으로 달려오고 있었다. 사십 대 정도로 보이는 남자는, 뛰는 자신을 지나쳐 버스정류장으로 향하는 막차를 타려고 하는 것 같았다. 서라고 하는 말인 듯 큰소리로 외쳐 댔지만, 버스 기사는 들리지 않는지 정류장에 잠시 정차했다가 다시 출발했고 그런 버스를, 남자는 포기하지 않은 채 버스 꽁무니를 향해 달려가고 있었다. 버스는 곧 좌회전할 것이고 그때 자신을 발견한다면 세워줄 것이라는 작은 희망으로 전력을 다해 뛰었지만, 버스는 유유히 좌회전해서 멀어져 가버렸다.
 남자는 가까스로 버스의 십여 미터 뒤까지 따라갔었는데 아마 버스기사가 못 보았는지 힘들게 손사래를 치면서 달려갔지만 결국 못 타고 말았다. 너무 힘들게 뛰어서 남자는 헉헉거리며 주저앉는데 우연히 그 광경을 보고 있던 나까지도 안타까운 마음에 가던 발걸음을 멈춰 서서 바라보고 있었다. 나라도 진작 그 남자를 발견했더라면 버스를 잡아 주었을 텐데 하는 안타까운 마음이 들 정도로 간절히 뛰었던 남자는 잠시 숨을 고르더니 보고 있던 날 발견하고 머쓱한 발걸음으로 오던 길을 되돌아 걷기 시작했다. 밤 열한시가 넘은 시각, 남자는 뛰는 자세로 보아 술을 마시지 않은 듯했다.

다시 나를 지나쳐 거꾸로 걷던 남자는 한참 후 뒤돌아보니 길가 턱에 주저앉아 있었다. 그는 지금 무슨 생각을 하고 있을까? 어떤 수단으로 집에 가야 할까를 생각하고 있을까. 그 버스 노선의 종점까지 간다면 아마 택시 요금이 몇만 원 정도 나올 것이다. 남자는 택시 요금이 없었을까? 아니면 있어도 아끼고 아껴야 할 힘겨운 가장이었을까? 주저앉아 있는 그 남자의 모습이 안타까워 보였다

내가 아파트를 한 바퀴 돌고 되돌아왔을 때 남자는 그 자리에 없었다. 애초에 버스를 타려고 했던 사람이기에 그는 분명 돈이 많은 사람은 아닐 것이다. 택시 요금을 아끼려고 그토록 뛰던 그 남자의 등 뒤에 성실한 서민 가장의 무게가 오버랩되며 조금은 안쓰럽게 느껴졌다.

더운 여름날 덥다고 미뤄 놓은 다림질을 한다. 선풍기 앞에서 땀을 흘리며 남편의 와이셔츠와 바지를 다린다. 집안일이라는 것이 해도 해도 표시도 안 나고 다람쥐 쳇바퀴 돌 듯 지루한 작업이다.

낡은 남편의 바지가 고단한 주인의 허물처럼 무릎이 나와 형태가 바뀌어 있고 뒷면은 쭈글쭈글 주름이 져 있다. 새 바지를 사서 낡을 때까지 얼마나 많은 세탁과 다림질을 한 것인지 반들거리는 낡음에 지루한 권태가 몰려온다. 그러나 다음 순간 그것을 입고 나가 받았을 구겨진 자존심이 주름이 되고, 나온 무릎이 남편의 마음에 옹이라도 된양하여 안쓰러운 마음에 반듯하게 풀물 뿌려 펴고 편다. 막차를 타기 위해 뛰고 뛰었을 그 남자처럼 숨 가쁨으로 달려 온 구두의 뒤축은 기우뚱하게 그러나 오늘도 여전히 지구를 받치고 걷고 걷는다.

 살아가면서 그 남자의 버스처럼 전력을 다해 뛰고 뛰어도 목표물은 언제나 저만치 먼저 달아나 버리는 일들이 얼마나 많은가. 눈앞에서 나를 비웃듯이 달아나던 안타까운 일들은 어디 한두 번이던가. 그때마다 다시 털고 일어나 마음을 다잡고 다른 길을 모색하는 용기로 다시 칼날 같은 주름을 세워본다. 막차가 가 버렸다면 다시 내일 새로운 첫차가 올 것이다. 어젯밤 막차를 놓친 그 남자에게도, 사랑하는 당신에게도 내일 아침의 첫차는 초록빛 아침을 싣고 왔으면 좋겠습니다.

chapter 5

완벽한 타인

완벽한 타인

주말 오후의 모임은 주부들에겐 느긋하지 못하다. 저마다 집안일들로 헤어지고 나니 오랜만에 나는 한가한 주말이다. 백화점에서 밥을 먹고 돌아서다 며칠 전 티브이에서 소개하던 영화가 생각나서 혼자 영화를 보기로 했다. 평소 한국 영화는 좋아하지 않는데 유해진이란 배우의 꾸밈없는 연기가 좋아 완벽한 타인을 선택했다. 세 팀의 부부와 애인을 대동하지 않은 돌싱 친구 일곱 명이 집들이 파티에서 일어나는 해프닝을 그린 영화는 혼자 들어간 극장에서 박장대소를 하게 만들어 오랜만에 스트레스를 날려 보낼 수 있었다. 그러나 그저 웃어넘기기만 할 수 있는 희극도 아닌 블랙코미디 영화였다.

네 명의 남자들은 속초가 고향인 고등학교 동창들이자 서울법대를 나온 친구들로 아내들도 정신과 의사, 수의사 등 사회적으로 성공한 엘리트들이다. 어린 시절의 향수에 젖어 오랜만에 만난 그들은 화기애애하다. 서로 성공한 모습들을 확인하는 것이 안부인 듯 행복해 보이는 그들이 웃고 떠들다 그중 한 사람이 갑자기 핸드폰을 공유하는 게임을 하자고 한다. 저녁밥을 먹는 동안 걸려오는 모든 전화의 내용과 문자, 이메일을 다 같이 까발려 공유하자는 게임을 제안한다. 처음에는 우리 사이에 그게 뭐 어려운 일이냐는 듯이 흔쾌히 동의하는 친구가 있었지만 내키지 않는다고 거절하면 배우자에게 의심을 살까 봐 마지못해 올려놓는 두려운 호기로움도 부려본다. 걸려오는 전화는 모조리 스피커폰으로 공유하기로 하고 다 같이 듣는다.

그렇게 시작한 위험한 게임은 첫 번째 걸려온 전화에서 여지없이 무너진다. 둘도 없는 절친이라고 생각한 사람이 자기를 험담한 내용을 그대로 읊어주는 전화로 시작한다. 집들이하는 저택을 부러워하던 한 친구의 아내에게 다른 친구가 어디냐고 전화가 온다. 집들이에 왔다고 하니까 그 잘난척한다는 재수 없는 여자네 집이냐는 말에 분위기는 삽시간에 얼음이 되고 만다. 그러나 그것은 시작일 뿐 전화기는 걷잡을 수 없이 비밀을 터뜨리는 병기가 되어 버린다. 아내 몰래 투자한 거액을 사기당한 내용의 확인 전화를 필두로 한밤중이면 아내 몰래 연상의 애인과 알몸사진을 주고받던 다른 친구는 급기야 시간이 다가오자 전화기의 기종이 같은 혼자 온 다른 친구와 사정해서 바꿔버린다. 그러나 더 큰 사실은 바꾼 전화의 주인공이 동성애자였던 것. 남자 애인한테서 문자와 전화가 와서 그의 성 정체성은 34년 지기들에게 충격을 준다. 졸지에 아이 셋 낳고 살던 부부는 남편이 남자 애인을 둔 동성애자가 되어 버린다. 엎친 데 덮친 격으로 다른 한 친구는 애인이 임신했다고 전화가 오고 ……. 우연히 제안한 게임은 재미가 아니라 폭탄들이 되어 여기저기서 터진다. 한쪽에서는 부부가 싸우고 다른 한쪽에서는 친구들이 싸우고 집들이는 한순간에 아수라장이 되어 버린다. 불과 몇 시간 전에 서로의 성공을 묻고 자축하던 고등학교 동창들의 모습은 서로 완벽한 타인들이 되어 낯선 관계들임을 철저히 보여준다.

세상의 모든 사람이 나의 정신과 상담의가 되어도 배우자에게만은 털어놓을 수 없는 비밀이 부부에게는 있고 아무리 오랜 친구라고 해도 이해시키기 어려운 성 정체성이 있는가 하면 더 나아가 자신조차도 자유로울 수 없는 문제가 곧 타인이 들여다보는 나라는 것을 영화는 보여준다. 장 퐁 샤르트르는 그래서 타인은 지옥이라고 했을까?

영화의 맨 끝 장면 자막에 그런 내용이 나온다.

"인간에게는 세 개의 삶이 있다. 공적인 삶, 개인적인 삶, 그리고 비밀의 삶." 영화는 관객들에게 나 또한 거기서 자유롭지 않다는 것을 확인하게 하고 소통과 관계를 생각하게 만든다. 오랜 친구나 평생을 같이한 부부라 하여 상대방이 나를 다 이해할 것이라는 믿음이 얼마나 우리를 쓸쓸하게 하고 절망하게 하는지는 누구나 다

경험한다. 그때마다 내가 만든 불신을 먼저 떠올리기보다는 그저 소통이 안 된 탓이라는 얕은 변명으로 무마해 버리기 일쑤다. 나 또한 상대를 다 안다고 생각하는 믿음이 엇박자를 낼 때 외롭다. 차라리 적당한 거리를 유지하며 모르는 것이 당연한지도……. 타인이라는 것을 인정하고 꾸준히 소통하려고 노력하는 것이 최선책일지도 모른다는 생각이 들기도 한다. 영화 마지막 대사 중에 남편의 모든 것을 알게 된 배신감도, 놀라움도 다 수용하며 그래도 파국이 두려운 한 아내가 그런 말을 한다.

"서로에 대해서 완벽하게 알 건 없잖아 사람들은 생각보다 낯설거든……."

또 다른 남편은 의도치 않게 까발려진 부인과 친구들의 비밀 앞에 "물속에 얼굴 처박고 나만 견디고 있었어. 이미 상대방은 여기를 떠나 다른 곳에서 다른 게임을 하고 있는데……."

오래전 읽었던 〈적의 화장법〉이란 책이 생각났다. 내가 어떤 사람인가 곰곰 생각하고 그때마다 스스로 질문하고 상대도 어떤 사람인지 외피가 다 벗겨지고 까발려진다고 해서 우린 가까워지지 않는다. 차라리 마스크를 쓴 진실을 인정하는 것이 살아가는데 더 큰 지혜라고 했던 말을 어려서는 알 수 없었는데 나이가 드니 적당히 타협하며 살아가는 것도 처신이었을까. 영화에서 가장 나쁜 한 사람은 맨 처음 그 게임을 제안한 여인이다. 그 자리에 있는 남편의 친구를 애인으로 둔 여인으로 자기는 같이 있어서 걸려올 위험한 전화가 없다는 안전장치를 하고 시작한 게임이었는데 오히려 그 남자의 또 다른 여인이 임신했다는 전화를 받고 흥분하는 교활함을 보인다. 자신의 치부는 철저히 감추고 타인을 응징하는 모습에서 인간의 이중성에 자신도 자괴감을 느끼는 연기를 보여준다.

사람을 사귀다 보면 비밀이 전혀 없어 보이는 사람도 매력이 없다는 느낌이 들 때가 있다. 그것이 나를 속여서 아프게 하는 것이 아닌 이상 알려고 하지도 않고 지켜주며 유지해가는 신비로움이 인간관계에는 윤활유가 되기도 한다. 평생을 같이한 배우자 또한 속속들이 다 아는 사람이 있을까? 오히려 더 비밀이 많다는 것을 영화는 우리에게 생각할 명제로 던져준다. 날과 날이 서로 부딪치지 않으며 비껴가는 가위처럼 현명하게, 그러나 꾸준히 소통하며 완벽한 타인으로 낯설지 않게 살아가는 현명함을 제시한다.

늦가을 주말의 한 낮 선택한 영화는 오로지 스마트폰 하나로 신나게 웃게 만들지만, 극장을 나올 때는 나 자신 또한 그 주인공들처럼 자유로울 수 없는 〈완벽한 타인〉까지는 아니지만 보이지 않는 유리 벽이 얼마나 많음을 부인할 수 없다. 비밀이 없는 사람은 매력이 없다는 억지스러운 자위를 해보며 또 한 번 관계라는 것에 대해 생각해 본다.

가을비에 뒹구는 낙엽처럼 다시는 안 볼 것 같은 사람도, 봄이 되면 다시 오는 새잎처럼 우린 혼자 살아갈 수 없는 존재이기에 적당한 화장을 한, 적당한 거리에 서 있는 타인과 부둥켜안고 살아가는 것으로 생각한다면 서글픈 일일까, 아니면 당연한 일일까? 정답은 본인 마음에만 있을 것이다.

전 국민이 사랑하는 반찬

　한 모임의 친구가 생일이 지났다고 축하해주겠다며 점심을 먹자고 해서 나갔다. 한적한 교외의 식당은 맛집으로 소문나서 줄을 서 대기하다가 가까스로 자리를 잡고 들어가 앉았다. 좁은 대기실에서부터 이어진 친구의 전화 통화가 길어져 나 혼자 우두커니 앉아서 음식 주문도 못 하고 있었다. 뒤늦게 들어온 친구가 음식 주문을 하고 맞은편에 앉았는데, 이번에는 띵동~ 하고 메시지가 오는 소리가 탁자 위에 올려둔 친구의 휴대전화기에서 들렸다. 그는 바로 들어 서로 긴 메시지를 주고받느라 음식이 나와도 식사를 시작할 수 없어 나는 또다시 그의 메시지가 끝나기를 기다렸다.

　그는 수저 옆에다 전화기를 올려두었는데 몇 숟가락 먹으며 잘 지냈느냐고 물을 때쯤 그에게 또 다른 전화가 왔다. 이번에는 한 손에는 수저를 들고 다른 손에는 전화기를 들고 통화를 하면서 동시에 먹었다. 맞은편에 앉아 있는 내게 그의 통화 내용이 다 들렸는데 중요하고 급한 내용이 아닌 그저 안부 전화에 가까운 수다로 들렸다. 나와는 겨우 안부 한 마디 나눴을 뿐인데 그는 세세히 그간 묵은 이야기까지 하면서 밥을 먹었다. 그사이 나는 식사가 끝났고 커피숍으로 자릴 옮겼는데 거기서도 그의 또다른 문자는 계속되어 앞에 있는 나를 잊은 건 아닐까 하는 생각이 들었다. 밥을 먹고 차 마시는 두어 시간 동안 그녀와 나눈 대화는 몇 마디 되지 않고 오히려 그의 통화 내용만 생각이 났다. 그날 나는 그의 친구와 고객과 지인들과 여럿이 밥을 먹은 기분이 들었다.

그리고 얼마 후, 주식을 본업으로 하는 친구를 만났다. 그는 집에서 모니터를 두 개씩 두고 실시간으로 팔고 사고를 하다 보니 외출도 잘 하지 않는데 어쩐 일인지 밥을 먹자고 했다. 그날 그 역시 핸드폰의 화살표에서 눈을 떼지 못하고 밥을 먹었다. 내가 알지도 못하는 무슨 무슨 회사를 나열하며 온통 주식 이야기만 했다. 그러는 와중에 어느 종목은 오르고 어느 종목은 크게 내려가서 밥을 먹으면서 연신 탄식을 해 댔다. 먹는 밥이 목에 걸려 안 넘어가는 느낌이 들었다. 그날 나는 그가 투자한 여러 회사의 주식들과 밥을 먹었다.

어제는 지하철을 탔는데 자리가 없어 나 혼자 서 있게 되었다. 앉아 있는 승객 중 누구도 나와 눈이 마주치는 사람이 없었다. 한 사람도 빠짐없이 핸드폰을 향해 묵념 중이었으므로.

핸드폰은 이제 우리 몸에서 뗄레야 뗄 수 없는, 제3의 새로운 신체 기관이 되고, 국민적 반찬이 되었다.

진정성 없는 우상의 예술은 공허하다

학고재 전시관을 나와 커피를 한 잔 사려고 카페에 들렀다. 그때 막 전시관을 나오고 있던 내가 좋아하는 배우를 만났다. 한 번도 직접 본 적도 없는데 반가워서 악수하며 팬이라고 했더니 그분도 커피를 사시려고 줄을 서려던 참이라 사진 요청에 선뜻 응해 주셨다. 젊은 인기 배우도 아니고 머리가 하얀 할머니 배우를 다른 사람들은 몰라보는지 알아도 팬이 아닌지 우리가 커피를 기다리는 동안 대화를 나누어도 아무도 나처럼 다가오는 사람은 없었다. 그분은 어머니에 이어 2대째 배우로 연기가 언제 봐도 참 인간적이라고나 할까, 의식 있는 역할을 많이 해서 그런지 깊이 있고 꾸밈없어서 좋았다. 그 후로도 나는 그 연기자의 작품을 눈여겨본다.

요즘 티브이에서 음악 프로를 보면 한결같이 트로트 열풍이 꺼지지 않고 인기다. 그들 가수는 나이가 다들 젊고 심지어 아이들도 많다. 우리나라 사람들의 정서를 대변한다고 하나 다른 장르의 음악은 없고 모두 트로트에 열광한다. 예전과 다르게 요즘 팬들은 혼자서 조용히 좋아하는 것이 아니고 팬덤의 무리가 단체로 버스를 수십 대씩 전세 내어 지역마다 콘서트를 이동해 다니며 열광한다. 자기가 좋아하는 가수의 광고 상품을 사들이고 치장하며, 사랑과 숭배를 떠나 자신과 동일시하는 분위기까지 든다. 주변에서 그런 강성 팬심을 가진 사람들을 보면 나는 그렇지 못한 성격이라서, 저렇게 전국적으로 몰려다닐 만큼 누굴 좋아할 수 있는 팬심이 이해도 안 가지만, 나도 그렇게 열광할 수 있는 스타가 있어 봤으면 하는 생각도 든다. 사람을 떠나서 몰입한다는 것은 정신 건강에 좋을 것 같기는 하다.

나도 좋아하는 연예인들도 많았지만, 내가 좋아하는 팬심은 연예인보다는 작가들이 대부분이었다. 김남조 시인이나 황지우, 구상 시인으로 시작해서 요즈음 젊은 시인 박준에 이르기까지. 그중에서도 내가 변함없이 좋아하는 우상은 단연 문정희 시인이었다. 문정희 시인의 시집은 한 권도 빼놓지 않고 읽고 필사도 열심히 했다. 단발머리 시절부터 나는 어느 강의 보다도 문정희 시인의 시 한 점에 공감하고 마음을 뺏기곤 했었는데 몇 해 전 여름 칠곡에서 함께 밤을 지새울 기회가 있었다. 코로나 이전에 칠곡은 매년 여름이면 유명 작가들을 초청해서 한여름 밤의 인문학 캠프를 개최하곤 했다. 숲속 휴양림에서의 캠프는 유명 작가들이 해마다 여러 명이 참석해서 하룻밤을 함께 보내며 강의를 들었다. 그해에는 내가 좋아하는 장석주 시인을 비롯하여 김선우, 고두헌 시인, 공지영 작가 등이 참석했는데 그중에서도 제일 반가운 분은 단연 문정희 시인이었다. 그날 내가 오랜 우상이었다고 했더니 "그 마음 변치 않게 좋은 글 써야지" 하고 겸손하게 말씀하셨다. 그 밤에 우린 그즈음 다시 사랑을 찾은 장석주 시인과도 많은 이야기를 나누었다. 장석주 시인을 알게 된 것은 참 우연이었다. 내가 좋아하는 가수 이동원의 애인이라는 노래를 듣고 나서부터다. 멜로디도 좋지만, 노랫말이 예사롭지 않아서 찾아보니 장석주 시인의 시였다. 그 후로 장석주 시인의 시를 모두 읽었다. 팬이 된다는 것은 그 우상이 나에게 주는 공감대가 가장 중요하다.

나에게도 오랫동안 가지고 있는 팬레터가 있다. 습작 시절 학교에서 계간으로 내는 문학지가 있었다. 그때는 뒷면에 집 주소를 인쇄해 넣곤 했는데 어느 날 예쁜 분홍색 봉투에 또박또박 정성껏 적은 내용의 편지를 받았다. 그분은 학교 앞에서 복사점을 하는 삼십 대 여인이었는데 내 글을 오랫동안 읽었다고 하면서 내 글을 읽노라면 마음이 따스해지는 감성을 되찾는다는 그런 내용이었다. 처음 받아보는 팬레터에 당황스럽기도 하고 무게도 느꼈지만, 고맙기도 하여 정성껏 답장을 썼던 기억이 난다. 그 후에 사색의 향기라는 문화나눔 단체 초기 위원으로 매일 아침 수십만 명에게 아침 시를 배달하는 일을 하고 있었다. 좋은 시를 소개하며 나의 짧은 감상 글을 전달하는 일이었는데 공감의 메일을 많이 받았다. 그들 중에는 지속해서 응원의 메시지를 보내주시는 분이 있었는데 소설을 삼십여 권 이상 내신 한 유명 소설가가 직접 찾아와 문하생으로 키우고 싶다는 팬심을 보여 준 적이 있다. 현실적으로 이루어지지는 못했지만 누군가가 나를 인정해준다는 일은 참 기운 나는 일이며 그에 부합하는 책임감 있는 글을 써야 한다는 것을 느낀다. 그 일을 하며 나는 여러 명의 작가 인터뷰 기사를 쓰기 위해 취재를 하러 간 적이 있었는데 그분들 중 인기 작가인 김용택 시인과 안도현 시인이 생각난다. 그분들의 글에서 느끼는 솔직하고 인간적인 글처럼, 무한한 휴머니즘에 바탕을 둔 감성은, 시원시원한 말씀을 하시는 김용택 시인이나, 조용조용한 안도현 시인이나, 그 바탕에 인간적인 공감이 없었다면, 오늘의 대중들에게 울림을 주는 인기 작가가 될 수 없었으리라는 것을 느꼈다.

요즘은 인터넷의 영향으로 연예인들은 그들의 사생활을 가감 없이 다 보여주며 교감한다. 작가도 마찬가지다. 어느 매체에서든 그들의 생각과 글이 개념 있고 진실한 공감대를 끌어모아야 인기 작가가 된다.

책을 내놨다 하면 베스트셀러가 되는 인기 소설가의 강연이 있다고 해서 더운 여름 찾아갔다. 난 추리 소설을 좋아하지 않지만, 그의 간결하고 명확한 표현을 좋아했다. 그 무렵 그의 여행 에세이를 재미있게 읽고 있어서 참석하게 되었다. 작가는 정확한 시간에 강연장에 입장했다. 그리고 첫 마디는 인사도 아니고 자기소개도 아니고, 자기는 다음 일정이 있어서 딱 주어진 한 시간의 강연이 끝나면 곧바로 이동해야 해서 질문은 절대로 받지 않음을 먼저 명시해 두었다. 그리고 정말 자기 말이 끝나는 한 시간 후 정확히 뒤도 안 돌아보고 서둘러 강연장을 나갔다. 강연장에 가득찼던 청중들은 처음에 못 박아둔 그의 계획이 너무도 강했기 때문에 모두 말없이 그가 사라지는 문만 바라보고 말았다. 매스컴과 작품으로만 만나던 작가를 만나면 그의 강연도 좋지만, 질문과 사담으로 그의 작품에 대한 이해나 작가의 의식 세계 등을 만나는 것이 더 궁금해서 강연장에 가는 사람들이 많다. 그런 것들을 통해 작가와 독자 간의 소통도 생기고 문학을 업으로 하는 기성 작가들은 더 입지를 다져간다. 그런 시간은 계약된 시간이 아닐지라도 인기 작가라면, 청중을 끌어모으는 사람이라면 배려할수록 더욱 호감이 갔을 텐데 그 작가는 이해를 구하기보다는 통보식으로 말하고 사라졌다.

  그날 난 그가 무슨 이야기를 했는지 지금 하나도 기억나지 않는다. 다만 자기는 바쁜 인기인이라는 것을 과시라도 하듯 질문 따위는 받지 않겠노라고 하는 다소 거만해 보이기까지 했던 인상만 기억난다. 그 후로도 그의 작품들은 매년 쏟아져나와 베스트셀러가 되어도 읽지 않고 티브이에 나와도 보지 않는다. 한 작가의 배려 없고, 겸손하지 못한 행동이 그의 찬사를 받는 작품보다 먼저 다가

와 감동을 잃어버린 날이었다.

 연예인도 그렇고 작가도 마찬가지다. 그들이 대중에게 보여주는 화려한 무대나 글솜씨보다 먼저, 개념 있고 겸손하며 인간미가 있어야 좋다. 그렇지 못한 모습은 독자나 팬들에게 공허한 마음을 준다. 글은 곧 그 사람의 얼굴이니 그것이 논픽션이 아닌 소설이라고 해도 독자들에게 진정성 없는 모습을 보여주는 태도가 안타까운 날이었다.

 좋은 글은 어떤 것일까, 독자에게 어떤 울림을 주는 글인가를 생각하다 보면 그 부담감으로 한 줄이 어렵다. 빼어난 글솜씨보다 공감 가는 글을 쓰고 행동하는 작가가 난 좋다. 팬심은 닮고 싶은 마음에서 나오지 않던가.

가면

 모처럼 한가한 시간을 맞은 남편과 교외에 나갔다가 고양시에 있는 중남미 문화원을 가게 되었다. 중남미에서 30년간 외교관 생활을 하면서 모은 한 개인의 소장품들이 많이 전시되어 있었다. 라틴 아메리카 사람들의 문화와 역사의 숨결을 느낄 수 있는 유물들이 많이 전시되어 있었다. 토기, 석기, 그리고 목기와 민속 공예품들을 둘러보노라면 페루의 잉카제국과 마야족들의 생활이 고서의 한 귀퉁이에서 살아나와 내 앞에서 숨을 쉬고 있는듯하다. 그중에서 가장 나의 발걸음을 오래 멈추게 한 곳이 있었는데 전시실 한 벽면을 모두 장식하고 있는 가면들이었다. 나무와 가죽, 천, 철, 돌까지 다양한 재료로 만든 다양한 모양의 가면들이 남미 특유의 강렬한 색채로, 바라보는 사람의 시선을 압도하는 표정들이다. 열정적인 축제나 각종 행사에 쓰였을 가면은 종류도 여러 가지다. 흉측

한 모양의 동물 가면, 꿈속에서 나올까 무서운 마귀 가면 등, 그런가 하면 아주 화려한 대칭의 나비 가면 앞에서는 나도 그것을 쓰고 무도회의 한 사람이 되고 싶다는 충동이 일었다. 특히 오래 시선이 머문 것은, 온통 검은 빛으로 칠해진 죽음의 가면이었는데 죽은 자는 말이 없다는 뜻에서 입이 없다고 하니 그들의 죽음에 대한 철학을 읽을 수 있었다. 죽음은 영원한 침묵이라고 생각했을까? 영원한 침묵, 그것은 드디어 가면을 벗고 맞선 진리, 그 자체가 아닐까! 갖가지 가면으로 얼굴을 가리고 사는 일상생활에서, 잠시 자신의 정체로부터 해방되어 또 다른 새로운 표정을 만들었을 그들의 슬기가 부럽기도 하다.

돌아오는 길 내내 아까 보았던 각종 모양의 가면들이 머릿속을 떠나지 않는다. 그건 아마도 나 자신도 삶이 힘들거나 무료할 때 자신으로부터 떠나고 싶은 자유로움을 가면 속에서나마 찾고 싶다는 마음이 들었기 때문은 아닐까. 현대를 살아가는 나 자신은 과연 있는 그대로 나 자신을 드러내 놓고 사는 적이 얼마나 될까! 때와 장소에 따라, 때로는 만나는 사람에 따라 어쩔 수 없는 보이지 않는 가면을 쓸 때가 많다. 간혹 주위에서 '너답지 않다'라는 말을 들을 때가 있다. 그 말은 어떤 희생을 요구하기도 하고, 무리한 용기도 필요로 하며 어쩌면 마지못한 칭찬의 뉘앙스를 풍기면서 내게 나다우라고 부추긴다. 그러면 나는 또다시 자신의 의지를 접고 그들이 내게 가지고 있는 선입견의 잣대에 나를 맞추고 한 발짝 뒤로 물러서야만 한다. 그 순간, 나는 나를 버리고 또 다른 나다운 새로운 가면을 쓰는 것은 아닌지. 그럴 때마다 가장 나다운 것은 과연 어떤 것일까 하는 의구심은 평생 알 수 없는 노릇이다. 살다가 하루쯤은 나에게서 내리고 싶은 날이 있다. 그러나 있는 그대로를 상대방에게 보여주고 싶어도 뜻대로 전해지지 않을 때 난 체념이라는 굴레 속에서 내 의지와 다르게 또 다른 가면을 쓰게 된다. 차라리 가면을 씀으로 더 가까이 다가갈 수 있었던 로미오와 줄리엣의 만남처럼, 양반들의 모순을 하회탈 속에서 맘껏 조롱하며 신분의 비애를 달랬을 민초들이 더 인간적이지 않았을까 하는 생각으로 이 모순을 위로해 본다. 가면 전시실 중앙에 쓰여있던 글귀가 오래도록 가슴에 남아있다.

    인간은 생존하는 한 각자의 이름과 가면으로부터
    숨어 지낼 수 없다.
    이들은 우리의 형태로부티 떨어질 수 없는데
    가면은 곧 우리의 모습이다.

                                      - octavio paz -

까무

거실 소파에 앉아 있으면 건너편 산으로 지는 석양이 길게 방 안으로 들어온다. 그런 시간이면 어둠과 빛이 섞이며 저녁이 주는 깊은 쓸쓸함에 젖게 한다. 아직은 불을 켜기 이른 시간, 그 무렵에 아무런 소음도 없이 멍하니 앉아 있는 것은 내 오랜 버릇 중에 하나다 그런 내 곁에는 언젠가부터 늘 같이 지켜주는 녀석이 있다. 나와 자세도 같이 쿠션에 비스듬히 기대어 배를 깔고 앉아 그때만큼은 조용히 녀석도 숨을 고른다. 어둠이 방 안 가득 차듯이 눈에 눈물이 고이는 날이면 슬며시 발을 뻗어 내 몸을 긁는다. 나름대로 녀석의 나에 대한 위로라는 것을 안다. 그런 녀석을 가만 들어 올려 안아주면 말없이 내 눈을 들여다본다. 말 안 해도 이제 내 맘을 안다는 표정이다. 이제 저와 함께해준 주인에 대한 습관쯤은 함께 공감할 줄 아는 영물이 되어가는 듯하다. 내 기분이 어떻든 아랑곳

없이 제 먹을 것 달라고 졸라대고 놀러 나가자고 짖어대고, 맘대로 배설해대면, 내가 선택한 일이라고 체념하고 시중을 들던 천방지축의 녀석은 이제 나이가 사람의 나이로 치면 아흔이 넘어 백 세를 바라보는 나이가 되었다.

어릴 적 친정집에는 늘 개를 키웠다. 강아지가 태어나서 성견이 되면 개장수들에게 팔려 가곤 했다. 그때마다 우리 형제들은 울고불고했지만 어디까지나 강아지는 할머니의 재산 목록 중 하나였다. 그러던 어느 날 강아지가 태어났는데 네 개 있어야 할 다리가 세 개로 앞다리가 가운데 하나밖에 없었다. 까만 털을 가진 녀석은 그래도 나름 터득한 것이, 천천히 걸을 수 없으니 세 다리로 늘 겅중겅중 위태롭게 뛰어다녔다 다른 강아지들이 다 팔려 갔을 때도 오래 우리 가족의 곁에 머물러 있었던 세 발 강아지. 그 시절 우리 집에 태어난 강아지들은 왜 이름을 지어주지도 않았는지 늘 이름이 도꾸나 메리였다. 그렇게 장애를 갖고 태어난 강아지도 어느 날 할머니의 재산이 되어 우리가 학교 간 사이에 사라져 버린 슬픈 날이 있었다. 그 후로 개가 싫었다. 미워하던 옆집 개가 내 뒤꿈치를 물고 달아나던 날 광견병 공포에서 벗어나기까지 개에 대한 적개심은 오래도록 가시질 않았다. 실내에서, 더구나 공동주택인 아파트에서 애완견을 키우는 일은 용납이 안 되었다. 친정 언니의 애완견이 불결해 보이고 성가신 존재로만 보여 바쁜 사람이 왜 강아지 시중까지 드느냐고 못 키우게 하기도 했다. 좋다고 달려들면 떼어내며 이내 달려가 손을 씻고 아들아이가 강아지 타령을 해도 온갖 나쁜 예를 들어 불결함을 강조했고 시중드는 수고로움을 극대화해서 포기하게 했다. 그런 내 모습을 곁에서 늘 보아왔던 친정언니에게 새로 선물 받은 강아지를 내가 키우겠다고 달라고 했으니 쉽게 줄 리가 없었다. 그러나 모두들 변덕이라고 한 내게 녀석은 구세주 같은 인연으로 다가왔다.

점심나절에 아무 일 없이 통화 한 친정어머니가 그날 저녁 심장마비로 돌아가시는 상실로 그해 가을은 어디에 마음을 둘 곳이 없었다. 본래 무심한 남편은 늘 남편의 세계에서 살고 아들은 입시와 친구로 떨어져 나가고 세상의 모든 것이 내 외로움 따위는 안중에도 없었다. 친정어머니의 사십구재를 지내고 오는 길에 들른 언니네 집에서 두 달 되었다는 녀석을 처음 만났다. 850g의 작은 체구의 녀석이 커다란 신발을 낑낑거리며 현관에서 끌고 오는 모습이 귀여워서 쳐다봤더니 콩콩 뛰어와 안겨들었다. 싫지 않았다. 한 주먹에 쏙 들어오는 작고 따뜻한 생명체가 전해오는 온기가 외로운 내 마음을 녹인 것일까, 맑고 선한 커다란 녀석의 눈에 마음이 빨려 들어간다는 느낌이 그런 것이었을까 문득 그 작은 것에 내가 의지할 수 있을 것 같은 생각이 들었다. 애완견에 대한 내 구박을 익히 알고 있던 언니네 가족들이기에 안 주겠다는 녀석을 억지로 데려오던 날 코트 속에서 녀석은 이미 인연을 감지했었을까 쌔근쌔근 잠만 잤다. 다음 날 녀석의 이름을 바꿨다 그 무렵 내가 다시 읽던 책이 까뮈의 시지프 신화였던 단지 그 이유로 녀석은 이름이 까뮈가 되었다.

  환경이 바뀌자 녀석은 여기저기 배설하고, 먹을 것을 달라고 시시때때로 짖어댔다. 침대에 올려 달라고 보채고, 수시로 아프고, 때맞춰 예방접종을 해주어야 했고 보살핌은 끝이 없고 녀석의 요구사항도 끝이 없었다. 정이 들기 전에 다시 갖다주어야 하지 않겠냐는 남편의 근심이 먼 거리 덕분인지 탓인지, 녀석은 돌아가지 못하고 우리는 서로에게 하루하루 정들어 가며 한 식구가 되었다. 혼자 남겨지면 먹이도 먹지 않고 잠도 자질 않고 현관에 앉아 기다린다. 밤중에 돌아와도 늘 꼬리 흔들며 반겨주고 혼을 내도 곧 다가와 애교를 떠는 녀석은 우리 식구들을 웃게 만들고 화젯거리가 되어 주었다. 주말이면 보충할 잠과 티브이로 시간 보내던 남편을 산책하러 나가게 했다. 배변 훈련을 시키고 잠자리 훈련을 시키며 절대로 침대 위는 허용할 수 없다던 원칙이 무너지면서 언제부터인지 녀석은 저 자신이 사람인 줄 안다. 제 물건에 집착하고 제 영역을 침범당하지 않으려고 한다. 그런 녀석을 가만히 관찰해보면 나와 참 많은 부분이 닮아있다. 늘 예민해서 깊은 잠을 못 이루는 나와 같이 쫑긋 서 있는 귀는 늘 열려 있는지 자다가도 조그만 소리에 놀라 짖으며 나온다. 좋아하는 음식도 어찌나 나와 같은지 우린 늘 같은 것을 먹거나, 줄 수 없는 것은 몰래 숨어서 먹어야 한다. 개 풀 뜯어 먹는 소리 하지 말라는 이야기는 틀린 말인 듯 녀석은 채소를 아주 좋아한다. 과일도 신 것을 싫어하고 단것을 좋아하며 고구마나 감자를 보면 아주 이성을 잃을 정도로 좋아하는 것이 꼭 식성이 나를 닮았다. 잠자는 시간도 주인을 닮아 야행성이 되어갔다.

개들의 나이는 사람의 일 년이 그들에겐 7년이라고 한다. 그 계산으로 보면 우리 까뮈가 태어난 지 만 17년이 되었으니 백 살이 넘는 나이가 되었다. 요즘 녀석은 하루하루가 다르게 변해간다. 그 좋아하던 산책길에서도 뛰는 것은 잊는지 오래고 느릿느릿 걷다가 안아달라고 한다. 오랫동안 아프던 귓병 때문에 한쪽 청력을 잃어서 불러도 엉뚱한 곳을 바라보곤 한다. 유리알 같이 맑아서 첫눈에 나를 사로잡았던 눈망울도 흐릿해져서 푸른빛이 돈다. 나를 안 닮았다고 할까 봐 백내장, 고지혈중 고혈압 등 사람들의 병명으로만 듣던 성인병 이름들을 녀석의 주치의에게서 듣는다. 공놀이라면 자다가도 벌떡 일어나던 녀석이 이제는 느릿느릿 일어나 어기적어기적 걸어가 단 한 번 물어오면 그것으로 주저앉아 버리고 만다. 침대나 소파에 펄떡 날아오르던 녀석이건만, 계단을 마련해 준 지도 벌써 오래전이다. 털이 있어도 추운지 따뜻한 곳만 좋아한다. 거실 바닥 햇살을 따라 이리저리 누워 일광욕을 즐기는 것을 좋아한다.

　애완견도 주인을 닮아간다는 말들을 한다. 성격이 닮아간다는 것일까 요즘 까뮈는 가만 놔두면 멍하니 종일을 보낸다. 몸이 힘드니 생각만 많아진 탓일까 바라보고 있으면 애잔하고 애잔하다. 그런 녀석을 가만 안고 쓰다듬으며 사랑한다고, 고맙다고 되풀이해서 말해준다. 그러면 녀석은 눈만 끔벅거리며 가만 듣고 있다가 가끔 큰 귀를 쫑긋거린다. 그럼 난 또 너도 그렇다는 뜻이려니 하고 나 나름대로 알아듣는다. 제 집에서 혼자 떨어져 자던 녀석이 언제부터인가 혼자 자지 않으려고 한다. 착 달라붙은 등이 따뜻하다 새근새근, 가끔은 코까지 골며 자는 소리가 리듬처럼 들린다.

　참 외롭고 힘들 때 내게 와 내 가족이 되어 준 까뮈.

　세상의 그 어떤 위로보다 진실했고 변함이 없는 한결같은 사랑과 웃음을 주는 까뮈. 까뮈로 해서 우리 가족이 받은 웃음을 갚아줄 길이 없다. 가끔은 귀찮아했던 순간들로 상처받았을 마음도 용서받을 길 또한 없다. 내가 어느 사람에게서 이리 한없는 복종을 받아봤을까? 그건 까뮈이기 때문에 가능한 것들이었으니 사람보다도 고맙고 고맙다. 이리저리 쫄쫄 따라다니던 녀석이 요즘은 몸이 힘들어서 얼른 일어나지 못해도 내가 왔다 갔다 할 때면 눈으로 나를 놓치지 않으려는 듯 고개만 돌리고 있다. 그 눈빛에 먹고 싶은 마음도 산책하고 싶은 마음도 다 읽을 수 있으니 이제 내가 녀석에게 받은 사랑을 돌려줄 때가 아닌가 한다. 외출에서 돌아오면

문 열기도 전에 현관으로 달려와 있곤 하던 녀석이 요즘은 방 안으로 들어와도 기척이 없어 가슴을 철렁하게 만드는 날들이 종종 있다. 그런 녀석을 가만 안으면 마음이 너무나 애잔해진다.

애완동물을 키워보지 않은 사람들은 그런 말들을 한다. 강아지에게 쓸 돈이 있으면 사람에게 쓰라고……. 그런 사람들은 내 변덕이 인연이었음을 이해하지 못하는 사람이다. 세상에서 정말 외로워 본 사람은 이해한다. 사람에게 받은 상처를 동물이 치료해준다는 것을 키워 본 사람은 이해한다.

> 주인 없는 개, 라는 말을 들을 때 슬프다
> 주인이 없어서 슬픈 게 아니라
> 주인이 있다고 믿어져서 슬프다
> 개의 주인은 개일 뿐인 거지.
> 개와 함께 사는 당신은 개의 친구가 될 수 있을 뿐인 거지
> 이 개의 주인이 누구냐고요?
> 그야 개, 아닐는지?
> 이 개가 스스로의 주인이 될 수 있게 해주는 사람이라면
> 사랑을 아는 좀 멋진 절친쯤 될 수 있겠소만.
> — 김선우 「견주, 라는 말」

위의 시처럼 멋진 친구가 되고 싶었지만 그리되지 못하고 어느 순간 견주가 되어 버렸던 순간순간들도 있었지만 언제나 친구였

고 변함없는 위로였던 나의 사랑.

  두 번이나 잃어버려서 그때마다 울며 찾게 만들었던 날의 짧은 이별이 아닌, 더 큰 이별이 우리 앞에 다가오게 된다는 것을 까뮈도 알 것이다. 주어진 시간에 순응하며 그 시간이 천천히 다가오길 바라며 지금 우리 집에는 한 마리 개와 개띠 여자가 최선을 다해 늙어가고 있다.

브레이크 기어

 녀석은 언제부터인지 모를 정도로 아주 오랜 세월을 나의 오른쪽 관자놀이 부근에 포진해 있었다. 내가 기분이 좋거나 마음이 평온할 때면 잊힌 듯 있다가 작은 틈만 보이면 내 마음을 먼저 읽고 슬며시 고개를 들어 나를 흔들어대기 일쑤이다.
 녀석이 기지개를 켜는 때가 언제나 불편한 나의 심기 때문이라는 것을 안다. 따라서 마음 하나만 잘 먹으면 되는 일이라는 것을 알면서도 늘 그것이 어려워서 어쩔 수 없이 공격당하고, 그때마다 꼼짝없이 놈의 포로가 되고 만다. 놈을 처치하기 위해서 참으로 많은 날을 병원 문을 두드리기도 하고 다양한 민간요법에 의존해보기도 했다. 그러나 번번이 놈의 승리로 끝나고 그때마다 새로운 좌절은 더욱 놈의 기세를 의기양양하게 만들어 주는 결과만 낳고 말았다.

나와 함께 놈을 처치하기 위해서 의기투합한 신경과 의사 나리가 언제나 명약을 처방해 물리쳐주길 바라지만, 매번 나의 의지에 호소하는 것으로 처방을 대신한다. 마음을 편히 가지고 느긋해지라고, 사는 것 자체를 단순하게 살라고 주문을 한다. 그러나 그 마음이라는 것이 나에게는 태생이 그런 것으로 가장 내리기 어려운 처방인 것을 어찌하랴. 그래서 그때마다 난 백기를 들고 얼음찜질이나 하면서 조용히 녀석의 퇴진을 기다리는 신세가 되고 만다.

  이사를 하면서 오랜 시간 정들었던 의사 선생과 헤어지게 되었다. 새로운 의사는 아주 형식적인 질문들을 하나하나 했다. 난 한꺼번에 숨도 안 쉬고 모든 증상과 묻지도 않는 사항이나 처방에 필요한 약 이름까지도 단숨에 읊어대었다. 베테랑 환자에 대한 예우인지 박사는 느긋하게 농담을 던진다.

  "개업을 하셔도 되겠습니다. 허허허"

  혹시나 하면서 나갔다가 역시나 하고 돌아오는 것은 단연 미팅 상대만이 아니다. 결코 녀석은 한 알의 명약을 불허한다.

  병원에서 돌아오는 길에 낯선 도시에서 길을 잃었다. 신호등에 걸려 있는 동안 옆 차선의 운전자에게 길을 물었다. 좌회전하면 된단다. 화살표가 들어오고 좌회전을 했다. 한참을 오는데 누가 옆 차선에서 신호를 보내서 보니 아까 길을 물어봤었던 그 운전자이다. 반 좌회전을 해야 하는데 내가 온 좌회전을 한 거라나. 오거리의 착각이다. 그는 다른 길을 가기 위한 차선에 있었는데 내가 엉뚱한 곳으로 가니까 멀리까지 따라와 일러준 것이다. 고마운 사람이다. 세상은 언제나 불친절하고 나에게 날을 서게 만드는 긴장감 뿐인데 저런 친절함이 그 어떤 알약보다도 명약이 아닐까 하는 고마운 생각이 들었다.

내가 엉뚱한 방향으로 가려고 할 때 반짝 푸른 신호등을 켜는 지혜가 있다면 얼마나 좋을까. 내 안에 깊이 묻어 둔 가시가 다시 일어나 상처가 되지 않고 자양분이 되어 준다면 이쯤에서 녀석과 기꺼이 이별을 고할 수 있으련만. 그러면 내 이마 아래 포진해 사는 녀석쯤은 영원히 잠재울 수 있을 텐데. 이도 저도 아닌 것이 현실이고 보면 조조의 편두통을 고쳤다는 화타라는 명의에게 타임머신이라도 타고 가보고 싶다.

나이가 들면서 감정의 탄력도 점차 느슨해져 가고 많은 것을 포기해가며 이제, 언제나 나를 이겨 쓰러트린 오랜 친구와 타협도 해가며 산다. 어쩌면 녀석은 내 삶의 브레이크 기어였는지도 모른다. 누군가에게 억울한 말을 듣고 돌아온 저녁이면 왜 그 말에 바보같이 명쾌한 답변으로 쏘아붙이지 못했든가 하고 잠들지 못하는 밤이 있기도 했지만, 그것마저도 내 몫이라고 받아들이는 타협이 녀석을 잠재운다. 껴안아야만 사랑이라 여겼던 것들도 이제 멀리서 바라보게 되었다. 내 안의 푸른 신호등을 찾아주는 것은 인내도, 노력도 아니고 세월이었나보다. 아픔도 기꺼이 받아들이고 가져가야 하는 것이 내 몫이라 생각하고 오늘도 타협하면서 살아간다. 정

chapter 5 완벽한 타인

든 오랜 친구처럼.

  다가올 시간은 내가 나를 잃지 않고 오래 정든 친구에게도 좀 더 다정하리라.

변하는 것은 모습일지라도

언제 세차를 했는지도 모르는 더러운 차를 닦기로 마음먹고 나니 늘 많기만 하던 세차권이 하나도 없다. 할 수 없이 집 근처에 있지만 좀 비싸서 자주 이용 하지 않는 주유소에 들렀다. 오만 원 이상 주유하면 무료 세차권을 준다는데 기름이 남아있던 터라 사만 사천 원어치가 들어갔다. 돈을 받는 아저씨가 오만 원에 미달이니 천 원을 내면 세차를 할 수 있다고 했다. 불과 6천 원어치 미달인데 그냥 주면 안 되냐고 애써 미소를 지어 최대한 이쁘게 말해보는데. 하하, 그분 하는 말씀이 사만 오천 원이 되면 반올림을 해서 된다고 한다. 참나! 그럼 천 원어치를 덜 넣은 까닭에 안된다는 것인가. 누구 약 올리나! 그 순간 왜 기분이 상하는지.

나와 그런 대화를 나누는 직원은 젊은 직원이 아니고 나이가 드신 분이었는데 갑자기 인정도 없고 인심도 야박한 욕심꾸러기 할아버지로 보이고 마는 이 심사.

　사만 사천 원짜리 영수증에다가 천 원을 내고 자동 세차를 하는 차 안에서 앉아 있으려니 슬며시 웃음이 나왔다. 평소에 누구한테 아쉬운 소리도 못 하고 에누리라고는 해보지도 못하는 주제에 그 천원에 기분이 나빠서 나이 드신 분에게 잠시 서운한 감정을 가지는 나 자신이 좀 부끄러웠다.

　세차를 끝내고 나오는데 아까 그분이 다가와 유리창에 물기를 닦아주신다. 대충 앞 유리만 쓱 닦아주는 젊은 세차원과는 달리 정성껏 죄송할 정도로 닦아주신다.

　'그런 거지' 자신이 하는 일에 원칙이 있는, 천원 하나라도 원칙에 따라야 하고 맡은 일에 최선을 다하는 그분의 모습에 아까의 인정 없다고 서운해했던 생각이 부끄러워지는 순간이다. 아줌마! 통상적으로 좀 무례한 행동을 할 때 힐난하듯 표현하는 그 아줌마가 나도 다 되었나 보다.

　얼마 전 어떤 헬스클럽에서 아줌마 회원을 받지 않는다고 써 붙여 놓은 기사를 보았다. 그들이 아줌마라고 하는 기준이 무엇인지 보다가 마지막 대목에서 혼자 박장대소를 하고 말았다. 그 기준의 제목은 '아줌마와 여자 구별법'이었는데 항목이 여러 가지였다. 나이를 떠나 공짜 좋아하면, 욕먹는지도 모르는 행동, 임산부 배려석에 앉는 사람, 커피숍에서 한 잔 시키고 나눠 먹는 행위, 기억력과 판단력이 부족해서 했던 말 또 하고 또 하는 사람, 그리고 문제의 제일 마지막 항목은, 넘어져 자빠지면 주님 말고는 아무도 안 도와주는 사람이란다.

아줌마의 사전적 의미는 "성인 여자를 가볍게 또는 다정하게 가리키거나 부르는 말"이라고 쓰여 있는데 어쩌다가 이런 안 좋은 이미지로 변질하였는지 모를 일이지만 요즘은 남자 여자 그리고 아줌마라고 제3의 성이 되어버렸다. 그것이 좋은 이미지가 아니고 불쾌한 존재, 때로는 경멸스러운 이미지로 받아들이게 되었다. 그렇다면 아줌마의 반대 의미인 아저씨 중에는 이런 개념 없는 행동하는 사람이 없어 그냥 남성인가 하는 의구심이 든다. 그래도 그들은 여전히 그냥 남자인데 말이다.

세상의 아줌마들이 직함이 얼마나 많은가. 누구의 아내로 엄마로, 시댁 챙기랴 친정 챙기랴 제일 바쁘게 사는 사람들이다. 그러다 보니 자신도 모르게 자연스럽게 억척스러워지고 마는 것이지 그들도 다 감성 가득한 소녀였고 누군가의 예쁜 딸이었는데 말이다. 이제 우리 친구들도 할머니가 될지언정 아줌마 아니라고 억지로 우기는 사람도 있다 보니 변질되지 않은 진정한 아줌마의 이미지는 어디서 찾을지. 그나마 하느님이라도 도와준다는 것에 위안 삼아야 하는가 말이다. 아줌마라는 이미지로 내 비록 겉모습은 변해 갈지라도 나부터 지탄받는 개념 없는 행동으로 스스로 그 부정적인 이미지의 아줌마로 전락하지는 말아야 할 일이다.

아다모와 바바리코트

일주일에 한 번씩 문학 수업에서 만나는 그녀는 언제나 눈에 띄었다. 늘 구겨진 바바리코트를 걸치고 오곤 했는데 한결같이 꼬깃꼬깃한 상태였고, 더워서 벗을라치면 안에 입은 셔츠들도 늘 쥐어짜서 말라비틀어진 채로 입고 나온 듯했다. 머리는 언제 감았는지 긴 머리는 늘 산발이었고 한 번도 화장한 모습을 보지 못한 얼굴은 건조할 대로 건조해서 마른버짐이 일어 있곤 했다. 아이들을 다 키워놓고 한가한 시간에 글을 써보겠다고 나오는 여인들은 저마다 경제적으로 안정되어 즐기러 나오는 듯 옷차림이 경쟁이라도 하는 양 명품을 두르고 나오곤 했다. 그 가운데서 그녀의 외모는 더욱 도드라졌다. 그러나 이곳저곳에서 신인상을 받았다는 사람들 속에서 내게 그녀의 글은 그들 중에서 단연 돋보였다. 글 내용이 늘 어둡고 난해한 적이 많아서 지도 교수나 동료 수강생들이 관심을 별로 가지지 않았는데 나만 그런 그녀의 글을 늘 눈여겨 읽어보곤 했다. 간혹 무슨 의미인지 알 수 없는 독백 같은 글들을 읽을 때면 대화를 나눠보고 싶다는 생각이 들었지만, 그녀는 누구와도 잘 어울리지 않았다. 그저 수업이 끝나면 말없이 사라지고 다시 다음 수업 시간에는 여지없이 구겨진 바바리코트를 걸치고 나타나곤 했다.

그해 연말에 출판기념회 날에도 그녀는 어김없이 두께만 다른 꼬깃꼬깃한 바바리코트를 입고 나왔다. 술이 들어가고 여흥이 오르자 이 사람 저 사람 노랠 부르다가 누군가가 그녀에게 노래를 권했다. 당연히 노래 따위에는 관심이 없을 듯한 선입감을 부수고 그녀는 늘 그렇듯 무표정하게 걸어 나가 마이크를 잡았다. 우리 모두 노래를 권해 놓고도 기대하지 않았던지 별 관심이 없이 대화하느라 좌중은 시끄러웠다. 그러다가 그녀가 부르는 노래 한 소절에 와자지껄 장내의 소란이 일제히 멈췄다. 유창한 불어 발음으로 아다모의 〈눈이 내리네〉를 부르며 노래 중간에 나오는 내레이션까지 완벽한 불어로 낭송하며 송년회장을 한순간에 감동의 도가니로 만들어버렸다. 그녀의 외모와 꼬깃꼬깃한 옷차림이 노래 실력과 상관없는 일이었지만 다들 기대도 안 하고 관심도 없던 그녀의 반전에 이미 그녀는 송년회의 주인공이 되어있었다. 그 순간 그토록 초라해 보였던 그녀의 바바리코트가 갑자기 우수에 차 보이고 쉬고 갈라지던 목소리는 허스키하고도 관능적인 음색으로 변하는 마력은 무엇인지. 심지어 그녀가 그동안 써왔던 알 듯 모를 듯한 글들마저 다 그 노래에 녹아내리며 이해가 되는 기분이 드는 것은 또 왜일까. 한 곡의 노래가 사람을 전혀 다르게 보이게 할 수 있다는 느낌을 받으며 그녀를 대신할 다른 이미지가 확실하게 그어지는 순간이었다.

가끔 누군가의 이름 앞에 얼굴보다도 먼저 그 사람이 좋아하던 노래가 떠오를 때가 있다. 그것이 평소에 내가 좋아하는 노래였을 경우에는 더욱 그렇다. 나는 노래를 잘 부르는 사람을 좋아한다. 아니, 노래 잘하는 사람에게 약하다. 내가 좋아하는 노래면 더욱 그렇다. 학창 시절 어떤 모임에 현란한 기타 솜씨에 팝송을 멋들어지게 부르던 남학생이 있었다. 그 모습이 너무 멋져서 반한 적이 있었는데 나중에 알고 보니 내가 무시한 삼류 학교에 다니는 학생인 것을 알았다. 다른 때 같으면 무시하고 말았을 텐데 노래를 잘하니 용서가 되고 다 좋아 보였던 기억이 난다. 한순간 노래에 눈이 멀어 그 사람의 실체를 보지 못할 때도 있다. 지금도 가끔 노래 잘하는 사람들을 보면 감동하고 부럽기도 하고 다음 생에 태어나면 가수까지는 아니더라도 멋들어지게 노랠 잘 부르는 사람이 되고 싶다. 분위기 있는 노래가 전달하는 호소력은 열 마디 말보다 강하다. 추억이 있는 선율 하나에 기억을 소환하여 한순간 빠지게 만드는 것이 노래의 마력이 아닐까 한다.

한 해가 가는 세모의 거리를 걸으며 눈이라도 내리는 날이면 길거리에서 어김없이 들려오던 아다모의 눈이 내리네. 그 노래를 들으면 지금은 고인이 된 그녀가 생각나고 그녀의 멋들어진 노래가 떠오른다. 그녀의 썼던 심오한 글들은 다 어디 가고 노래 부르던 모습이 생각나는 것을 보면 어쩌면 글보다 한 곡의 노래가 더 호소력 있나 보다. 사람은 떠나도 노래는 그렇게 울림을 남겨 추억하게 만드는 마력을 가진다. 아다모의 명곡처럼 오래오래.

에프터눈 티를 즐기는 시간

나른해지는 오후 차를 우린다. 이 시간에 제일 어울리는 차는 역시 홍차다. 물을 끓이고 티포트를 예열하고 잔을 데운다. 브랜딩하지 않은 순수한 맛을 느끼고 싶을 때 제일 좋은 홍차는 잉글리시 에프터눈이다. 다른 첨가물 없이도 부드럽고 달콤함까지 은은하게 품고 있는 홍차 본연의 기본적인 향이 참 좋다. 차 공부를 처음 할 때는 우리나라를 비롯하여 중국이나 일본 등 아시아계 사람들이 주로 마시는 녹차를 마셨는데 이후 홍차 공부를 하게 되면서 햇차가 나오는 봄이 아니면 주로 홍차를 마신다. 녹차는 발효를 시키지 않았기 때문에 시간이 지나면서 맛이 변하지만, 홍차처럼 산화를 거친 차는 오래 두고 마셔도 좋아서 즐기는 편이다. 요즘 한 건물당 커피숍이 하나라고 할 정도로 많은 커피숍이 우후죽순 생겨났다. 전에 비하면 커피를 즐기는 사람이 그만큼 많아졌다는 중

거일 것이다. 차를 즐기는 여유를 가진 사람들이 많아졌다는 뜻이니 좋은 현상이다. 그러나 전 세계적으로 가장 많이 소비되는 차는 커피가 아니고 홍차다. 특히 홍차는 유럽을 중심으로 많이 소비되고 풍미 되어 왔지만, 오늘날에는 전 세계적으로 홍차 문화를 다양하게 즐기게 되었고 우리나라도 홍차 전문점이 점차 늘어나 어디서든 홍차를 쉽게 구입하고 즐기게 되었다.

홍차는 아무 때나 마셔도 되지만 영국에서 오후 세 시에서 다섯 시 사이에 사교모임 파티를 하면서 오후의 차 모임이 유행하게 되었다고 한다. 나른한 오후에 향이 좋은 홍차 몇 잔과 샌드위치나 스콘 정도로 가볍지만, 격조 있으면서도 화려한 테이블세팅으로 즐겼을 그들의 문화가 생각만으로도 근사하다. 그래서 홍차의 티팟이나 잔들은 아주 화려하고, 마시는 사람이 심취하도록 잔 밖에다 그림을 그리는 커피잔과는 달리 잔 안에 그리는 경우가 많다. 여럿이 지인들과 마시는 찻자리는 행복한 대화를 하여 좋고, 혼자 마시는 시간은 고요한 자신의 내면을 들여다볼 수 있어 좋아 자연적으로 명상의 시간이 된다.

혼자서 음악을 들으며 홍차를 마시다 보니 문득 지금 나 자신이 오후의 에프터눈 티를 즐기는 시간에 와 있다는 생각이 든다. 바쁜 아침의 여유 없는 짧은 티타임이 있었다면 지금은 조금 여유롭게 즐길 수 있는 오후의 느긋한 에프터눈 티를 즐기는 시간이 왔다고 생각하면 아쉬운 마음이 조금 위안이 되려나. 씨 뿌리고 가꾸는 봄과 여름이 있었다면 지금은 여유로운 가을의 시간을 맞은 것일까 문득 돌아보게 된다. 덧없는 세월의 아쉬움을 뒤로하고 그저 삶을 관조 할 수 있는 나이가 주는 편안함과 함께 차를 마시는 얼굴들도 편안한 관계였으면 더는 바랄 것이 없다. 거나하게 잘 차려진 파티가 아닌, 가볍지만 소박한 운치가 있는 에프터눈 티의 시간이라고 생각하고 싶다. 그곳에는, 일도 아니고 이해관계가 있는 모임도 아닌 그저 아무 이유 없이 좋은 사람들을 초대하고 싶다. 오후 세 시만큼 풀어진 마음과 가벼운 주제로 차려진 오후 세 시의 티 파티라면 더 없이 이 시간을 사랑할 수 있을 것 같다. 난 공자님의 이순이라 칭한 그 말이 참 좋다. 耳順이라 표현한 공자님의 그 뜻이 이치에 통달하고 듣는 대로 다 이해할 수 있는 나이라고 하지만, 세상의 모든 말들을 다 순하게 들을 수 있는 관용이 있는 나이라고 말하고 싶고 그리 살고픈 것이 나의 소망이다. 진즉에 그리 살았더라면 어떤 고뇌도 번민도 없는 젊은 날이었을 것을, 그것조차 깨닫는 시간을 허락하신 세월이 필요했음을 또한 이해할 수 있는 나이가 된 것인지도.

 에프터눈의 시간은 하루의 일과를 마무리해도 크게 아쉽지 않은 시간이다. 또한 늦었지만 시작할 수 있는 시간이기도 하다, 에프터눈 파티가 끝나면 노을이 지는 시간이 기다리고 있겠지. 노을이 아름다운 것은 맑은 태양이 있기 때문이듯 햇빛처럼 깨닫지 못하는 순간순간에 나를 비추어준 사랑하는 사람들에게 일일이 꽃을 날

아주기에 충분한 시간이 남아있는 시간이라 말하고 싶다. 육십갑자의 한 바퀴를 돌아 이제 여분으로 주어진 시간은 다시 시작하는 시간, 내 창에 소등이 언제일지 모르지만 이제 남은 시간은 감사의 마음으로 시작하고 싶다. 내 삶의 파티에 기꺼이 꽃이 되어 준 고마운 사람들에게 나도 그들에게 꽃이 되어 주는 것이 이제 남은 시간의 과제다. 그런 감사의 시간이 구름을 벗겨 내어 준다면 지는 노을이 조금 더 아름답고 그리하여 석양이 지고 난 뒤 잔잔한 여운이라도 남는다면 행복하리라.

지금 나는 에프터눈 티타임을 즐기는 중이다.

이경숙 수필집

병풍 뒤집기
ⓒ이경숙, 2024

발 행 일	2024년 11월 08일
지 은 이	이경숙
발 행 인	이영옥
펴 낸 곳	도서출판 이든북
출판등록	제2001-000003호
주　　소	대전광역시 동구 중앙로 193번길 73
전화번호	(042)222-2536
팩시밀리	(042)222-2530
전자우편	eden-book@daum.net
공 급 처	한국출판협동조합
주문전화	(02)716-5616
팩시밀리	(031)944-8234~6

ISBN 979-11-6701-316-3 (03810)
값 13,000원

* 잘못된 책은 바꾸어 드립니다.
* 이 책 내용의 일부 또는 전부를 재사용하려면 반드시 저자와
　이든북 양측의 동의를 받아야 합니다.

* 이 책은 2024년도 ❋대전광역시 대전문화재단에서 사업비 일부를
　지원받아 발간하였습니다.